2016年国家自科基金项目"信用交易、过度自信与股市泡沫"
（71661008），潜力，主持。

投资者过度自信
与股票定价研究

潜 力 ◎著

吉林大学出版社

·长春·

图书在版编目（ＣＩＰ）数据

投资者过度自信与股票定价研究 / 潜力著. -- 长春：
吉林大学出版社，2020.5
ISBN 978-7-5692-6544-6

Ⅰ. ①投… Ⅱ. ①潜… Ⅲ. ①投资者－自信心－影响
－股票价格－研究－中国 Ⅳ. ①F832.51

中国版本图书馆CIP数据核字(2020)第091077号

书　　名	投资者过度自信与股票定价研究	
	TOUZIZHE GUODU ZIXIN YU GUPIAO DINGJIA YANJIU	
作　者	潜力 著	
策划编辑	李承章	
责任编辑	安　斌	
责任校对	赵　莹	
装帧设计	一鸣文化	
出版发行	吉林大学出版社	
社　　址	长春市人民大街4059号	
邮政编码	130021	
发行电话	0431-89580028/29/21	
网　　址	http://www.jlup.com.cn	
电子邮箱	jdcbs@jlu.edu.cn	
印　　刷	四川科德彩色数码科技有限公司	
开　　本	880mm×1230mm　　1/32	
印　　张	7.375	
字　　数	200千字	
版　　次	2020年5月　　第1版	
印　　次	2020年5月　　第1次	
书　　号	ISBN 978-7-5692-6544-6	
定　　价	50.00元	

前　言

　　资产定价泡沫是股市崩盘和经济衰退的重要原因，因而备受学术界和监管机构的关注。20世纪90年代之后，学者们开始从投资者行为和认知等行为金融的视角来探讨资产泡沫的成因。Benos（1998）和Odean（1998a）的研究发现，"过度自信"使非理性投资者高估了交易的预期收益，导致他们频繁交易。所谓"过度自信"是指人们往往倾向于高估自己的能力（Jerome D.Frank，1935），或者高估了自己所拥有的知识与信息的精确性（Fischhoff et al.1977）。Abreu和Brunnermeier（2003）、Hong、Scheinkman和Xiong（2006）以及Pastor和Veronesi（2006）等的研究发现，过度自信和异质信念是定价泡沫的重要成因。Allen和Gorton（1991）、Harris和Raviv（1993）等的研究指出，虽然投资者获得相同信息，但对信息的诠释方式不同是导致资产泡沫的原因之一，而Scheinkman和Xiong（2003）则将异质信念归结为过度自信。

　　中国股市自2010年3月引入融资融券业务的试点与股指期货的上市交易，标志中国股市正式引进卖空机制，这改变了股票市场的微观结构和定价效率，也对整个中国股市投资理念及策略产生了根本性影响。Miller（1977）指出，在市场不能做空的情况下，资产价格反映的是乐观投资者的估值，而悲观投资者只能离开市场，由此产生泡沫。而融资融券业务使知情者能利用正负两方面的私有信息进行杠杆交易，有效地促进股价向公司内在价值回归，提高市场的定价效率。Aitken等（1998）、Danielsen 和 Sorescu（2001）、Boehmer 等（2008）、Diether 等（2009）、Saffi 和 Sigurdsson（2011）均证实了卖空交易者拥有与价值相关的信息，他们的交易行为有助于修正错误定价，从而提高定价效率。国内学者许红伟、陈欣（2012），李科等（2014），方立兵、肖斌卿（2015）和李志生等（2015）也发现融资融券机制的引入有助于中国股市定价效率的提升。

但是，我们依然发现中国股市自2015年2月至6月，迎来了快速地上涨，股指从3100点迅速拉升至5178点，大量个股股价翻番，甚至上涨了好几倍，股市呈现泡沫倾向。而后，从2015年6月12日大盘下跌以来，中国股市又经历了前所未有的暴跌。股指在短短两个月内下跌至2800点，而上证指数日跌幅超过7%，居然有7次之多。那么，我们不禁要问，在存在卖空机制的情况下，股市为何出现如此大的非理性上涨与暴跌？卖空机制为何会失效？方立兵、肖斌卿（2015）试图从融资和融券交易量失衡的角度来看待这一现象，他们认为由于融资交易量远超融券交易量，导致卖空机制没有发挥应有的效果。而本书试图从投资者对信息过度反应的视角来解释这一现象。De Bondt和Thaler（1987）的研究发现，美国股市对股票的收益信息存在过度反应。Paul Zarowin（1989）则进一步指出，小公司的股票过度反应更严重。Nelson D B.（1990）的研究认为，股市对"利好"政策和"利空"政策的反应是非对称的，"利空"消息对波动性的影响更大。而国内学者的研究，如张人骥等（1998），陆蓉、徐龙炳（2004），沈艺峰、吴世农（1999）和朱战宇、吴冲锋（2005）等则发现中国股市对"利好"消息反应过度，而对"利空"事件反应不足，但这些研究均没有考虑卖空机制。罗黎平、饶育蕾（2011）将卖空机制引入到股价对信息反应的非对称研究中，他们发现在禁止卖空下，股价只对利好消息存在过度反应；但在允许卖空下，股价对利好和利空消息的反应是对称的。但从我国2015年股市的走势看，虽然我国政府和证监会不断推出各种救市措施，但并没有阻止股市的暴跌，股市显然对"利空"消息存在过度反应。而本书认为投资者的"过度自信"是股市暴涨暴跌的重要原因，而杠杆交易则加剧了股市的波动。在我国的证券市场，散户交易依然是市场的主体，扮演重要的角色。而散户大都属于盲从交易，并不合乎Fama（1970）提出的有效市场假说中的理性交易者。而中国的融资融券交易最初试点的交易人恰恰主要是散户投资人，他们的非理性交易可能是导致市场泡沫和崩盘的重要原因。

由于我国融资融券交易推出较晚，目前研究卖空机制与定价效率的文献还不多。而这些文献在样本利用和研究方法上存在较大的局限性。廖士光、杨朝军（2006），廖士光（2011），许红伟、陈欣（2012）等文献的样本十分有限，仅研究首批加入融资融券标的的股票，而且选用数据的时间跨度则受限于试点只开展了一年，导致我们难以识别融资融券的市场效应。而后，李科等（2014），肖浩、孔爱国（2014），方立兵、肖斌卿（2015）和李志生等（2015）的研究，虽然在样本和数据上较丰富，但均采用事件研究法，并利用双重差分模型对相关指标进行比较，没有对其他可能影响价格效率的指标加以控制。总结这些国内学者的研究工作，不难发现他们都仅注重信用交易的卖空机制对股价定价效率的影响，而忽视了信用交易的杠杆功能对股价的影响。信用交易一方面为负面信息进入股价开辟了卖空交易的渠道；另一方面其杠杆功能扩大了市场上私有信息知情者的收益，"过度自信"又进一步促使投资者放大交易杠杆。而且目前的研究均未建立理论模型，对我国融资融券如何影响股票定价效率的机理缺乏深入的分析。

本书将研究投资者的过度自信，对于其交易策略的选择，以及股票定价效率与特质性波动的影响，并对比研究有无卖空机制，投资者的过度自信在股票定价上的差异。本书进一步结合投资者的网络搜索行为，研究新的信息传播结构下，投资者的有限关注对于股票市场的影响。这些研究对于政策制定者制定合理的披露信息政策，监管者有效防范市场系统风险，以及投资者面对信息冲击应该如何理性选择投资策略，兼具十分重要的理论与实践指导意义。

作　者

2019.12

自 序

  2010年3月31日，我国推出融资融券业务，为广大投资者提供了新的做空渠道。此后，融资融券业务历经了四次标的证券扩容和转融资业务启动，融资融券机制在我国不断成长和完善。决策层推出该机制固然是为了提高资产定价效率，减少金融市场波动。然而，2015年中国股市却上演了过山车般的震荡，在2014年11月大金融板块打响牛市"第一枪"之后，中国股市在2015年上半年迎来了快速上涨，股指迅速拉升至5178点，呈现泡沫化倾向。而后，中国股市又经历了前所未有的暴跌，股指在两个月内下跌至2800点。

  我们不禁要问，在存在融资融券机制的情况下，股市为何仍出现如此大的非理性上涨和暴跌？融资融券机制为何在中国市场上并没有发挥它应有的抑制股价波动和提高定价效率的作用？诚然，在融资融券机制背景下，2015年的股市暴涨暴跌与融资融券交易、杠杆配资等密切相关。然而，不可忽视的是投资者情绪对股市非理性涨跌的推波助澜作用。在牛市号召下，散户投资者自信心膨胀，高杠杆资金争相涌入股市，成为股价迅速上扬的源动力；而股市下跌时，投资者情绪沮丧，信心低迷，资金疯狂逃离股市，成为股市迅速暴跌的元凶。因此，有部分学者认为，有必要在资产价格定价中考虑投资者情绪因素，使资产定价更为合理。

由于传统金融理论对于融资融券机制下中国股市暴涨暴跌以及其他金融异象无法给出令人满意的解释。一些学者开始寻求其他领域的解释，行为金融理论认为，投资者决策受到各种非理性因素的影响，其中过度自信是投资者表现出来的心理偏差之一（Odean，1999）。因此，在融资融券机制大背景下，本书拟以2015年我国股市暴涨暴跌现象为切入点，研究投资者过度自信对我国股票定价的影响问题，从行为金融视角解释我国2015年股市大动荡的非理性原因。笔者发现，在中国股票市场，投资者过度自信降低了股票定价效率，是造成股市暴涨暴跌的重要原因；融资融券交易并未起到卖空机制应有的效果，而是对投资者过度自信产生了助涨助跌的作用。本书将在如下方面做出贡献：第一，设计一个计算金融实验来检验在卖空机制下，这两类投资人的交易策略、过度自信与资产价格的关系。相对于理论研究中过多的假设条件和实证研究中数据获取的困难性，实验研究有诸多优点：可以灵活地设置市场规则，可以容易地设计实验组和对照组，可以设置资产的内在价值，从而准确计算泡沫的大小。我们将市场的投资者分为"理性套利者"和"情感投资者"。情感投资者的行为存在如下心理偏差，如过度自信、焦虑和从众心理等，他们的"过度自信"和信用交易加剧了股市的波动。而理性套利者虽然可以利用杠杆交易使股价回到均衡，但是一方面，由于我国融资融券制度还不完善，融券的成本较高，导致股价回到均衡的状态需要更长的时间；另一方面套利者可以选择驾驭泡沫，并在其破裂前退出，以享有更高的收益，这也导致了泡沫的长期存在。第二，研究引入在融资融券交易下，投资者过度自信与股票定价效率的关系。采用系统动力学方法构建"卖空机制下投资者过度自信的股价非线性动力学模型"，来研究投资者过度自信对于股票定价有效性、流动性和波动性的影响。再进一步实证检验，在牛、熊市的情况下，过度自信与股票定价有效性、流动性和波动性之间的关系。第三，研究利好与利空信息在牛、熊市市场信息传播的效率，实证研究信用交易、过度自信是否导致股价泡沫？并研究股市泡沫破裂后，融资交易对于公司股价的影响。具体实证有以下4点：①融资交易是否会导致股价高估？②过度自信导致融资交易额增大，而融资交易额大的公司的股价是否对利好信息更敏感？③探讨影响融资交易的主要公司特征变量。④研究2015年6月股市大跌前后，不同融资交易额的公司的股价反应的差异。第四，研究网络搜索、投资者过度自信与股票定价。探讨投资者的互联网搜索行为，如何影响信息传播，从而影响股票的定价效率；并且探讨了在牛、熊市中，投资者的过度自信程度差异是否会对于股票定价的同步性和波动性产生影响。

第一部分的研究，我们基于Swarm平台上构建一个包含投资者过度自信变量的人工股票市场模型，在该模型中我们将市场中的投资者分为两类：过度自信投资者和理性套利者，并对他们赋予不同的行为决策。我们发现，投资者的过度自信会增加市场波动，但相应地也会增加市场的流动性。一定程度的过度自信会造成卖空机制的失效。投资者过度自信的助涨助跌作用可能是造成股市暴涨暴跌的原因之一。

在第二部分的研究中，我们在融资融券制度下，引入投资者过度自信来分析其对股票定价的影响。首先，建立数理模型推衍出投资者过度自信影响股票定价的机理，得到其会降低股价定价效率、加剧股价波动的结论；其次，通过误差修正模型验证投资者过度自信的存在；继而采用机构持股比例、市值大小、市场行情这三个变量对样本进行分组，检验投资者过度自信的差异，得出在低机构持股比例、小市值、牛市行情下，投资者过度自信倾向更严重；最后，采用两阶段系统广义矩模型检验融资融券交易与投资者过度自信对股票定价的共同影响，发现投资者过度自信会降低股票定价效率，并加剧股市波动。

第三部分的研究发现，崩盘前的价格延迟大约是崩盘后价格延迟的两倍，投资者在崩盘后对市场走势变得更加敏感。在股市崩盘前，股票价格延迟在市场下跌时比市场上涨时要大，但在崩盘后价格延迟的差异是微不足道的。这表明，只有当投资者过度自信时，负面信息传导更慢。融资融券交易在市场低迷时期的规模比过去大，反映了投资者的情绪，而非私人信息。

第四部分，笔者通过雪球网数据构建了网络搜索代理变量网络搜索质量指标，并结合国泰安数据库中的分析师特色指标，实证研究了投资者网络搜索行为对股票定价效率与特质性波动的影响。研究发现，网络搜索与股价同步性呈非线性关系，即随着搜索量的增多，股价同步性将呈现出U型趋势，而与股价的特质性波动呈显著正相关。分析师预测通过投资者网络搜索行为进入股票市场，对股价同步性及股票特质性波动具有一定的解释作用。在不同市态（牛、熊市）下，投资者网络搜索对于股票市场的影响是非对称的。

总之，本书将研究在卖空机制下，信息冲击对于投资者的心理预期、交易策略，以及股价波动方式的影响。这一研究对于中国股市在引进融资融券交易的这种全新的市场制度背景下，政策制定者应该如何合理披露信息与择时出台政策，监管者如何有效防范市场系统风险，以及面对信息冲击投资者应该如何理性选择投资策略，兼具十分重要的理论与实践指导意义。

目 录

第一部分　基于计算金融实验的投资者过度自信与股票定价

一、引言

（一）研究背景及意义

1.研究背景

自20世纪50年代起，建立在理性人假设和有效市场假说（EMH）基础之上的传统金融学发展迅速，形成了投资组合理论、资本资产定价模型、套利定价理论、期权定价理论等经典投资理论框架。然而，在20世纪80年代，如股市季节效应、周末效应、过度反应、股权溢价之谜等金融异象的出现，以及传统金融理论在解释这些异象上表现得相当乏力，人们开始对传统金融理论的基石：理性人假设和EMH产生质疑。实际上，在现实的经济活动中，市场并不是完全有效，投资者也并非完全理性。投资者的行为极易受到各种心理层面以及环境因素的影响。基于此，众多学者利用心理学、社会学和行为科学等不同学科的交叉分析，提出了一系列的行为金融理论。行为金融理论认为，投资者在市场上并非都是处于完全理性的状态，他们做出的投资决策往往具有随机性和主观意向性。行为金融理论在研究金融市场时更多的是以投资者的心理情绪、心理偏好、信仰等个人的非理性因素作为研究方向，并且基于此建立能够正确反映投资者和市场关系的资产定价模型，在解释金融市场中的异象上表现出了强大的生命力，形成了独特的研究范式。2017年10月9日，随着Richard H.Thaler被授予诺贝尔经济学奖，行为金融学领域已是第三次站在诺贝尔经济学奖的最高舞台上。

在众多非理性因素中，过度自信是股市投资者普遍存在且表现尤为突出的一种心理状态。我国股市从无到有，自1990年至今已经走过近30年的路程，各项制度还在不断地完善、丰富。市场中投资者股龄短、缺乏投资经验、换手率高，这些都是我国股市的典型特点。过度自信现象在我国股票市场上也表现得尤为突出。2005—2007年以及2014—2015年的两次大牛市就是最好的佐证，大盘指数一路高歌猛涨，市场处于异常的膨胀状态。然而，高额回报让投资者选择忽视市场风险，不断继续注入资金、加大投资力度，结果当大盘在市场的调控下趋于价值、回归平稳时，大多数投资者血本无归、惨淡离场。2014—2015年的大牛市期间，更多新投资者参与到股市中去，初期随着远超预期的成功次数的增多，他们的自信心不断高涨，更加频繁交易。但随着2015年6月份后股市的崩盘，投资者们不得不为自己的非理性行为买单，整个市场又陷入过度悲观的情绪中。而且，在这一时期，我国股票市场自2010年推出的融资融券制度并没有发挥出其应有的稳定市场波动的作用。

将过度自信因素引入到资产定价理论中，有着重要的理论以及实际意义，但传统的数学工具以及均衡理论又很难描绘以及求解这种过于复杂的金融市场问题。而近年来，随着计算机技术的发展以及在经济学中的应用，计算实验金融学开始在解决复杂的金融市场问题上崭露头角。它将金融系统看成是一个复杂演化系统，系统中的主体（agent），如各种投资者、各种金融机构不再是完全遵循贝叶斯式学习的理性人，而是有限理性、有限计算能力的主体，这些主体不再是经典金融理论所假定的理性人。他们之间的交互行为使金融系统涌现出一系列复杂的动态特征（张维，2010）。采用计算实验的方法可以更加深入地模拟与分析投资者的微观行为，从而避免了在实证分析中因为数据采集而导致的各种问题，同时也避免了其他因素的干扰，可以更加清晰地观察与分析所研究的变量之间以及和市场之间的互动关系。

2.研究意义

融资融券制度的出现，使更多的信息可以通过证券价格反映出来，提高市场的定价效率（Miller，1977；Saffi and Sigurds-sson，2011），并能够在一定程度上起到平抑股市大幅度涨跌的作用以及适度转移投资者的风险。我国已在2010年结束单边做多市场模式，正式迈入"双融"大家庭。然而，在2015年的最新一轮股灾中，卖空机制并没有发挥出其应有的作用，人们不禁对融资融券制度的有效性产生了深深的怀疑。相比于国外成熟的市场，我国股票市场从无到有，发展时间相对较短，各项规章制度还不成熟，尚待完善，市场上的投资者又存在着各种非理性行为，羊群效应、过度自信心理严重。他们的一些投机行为使股价难以真实地反映出股票价值，"追涨杀跌"的行为使股票的价格出现剧烈波动，宛如过山车般大涨大跌。因而，本书从投资者的过度自信这一非理性因素，研究其对我国股票市场定价效率的影响，采用计算实验的方法，从行为金融学视角探寻我国股市暴涨暴跌的原因。本书的研究主要具有以下几个方面的意义。

从理论意义上来说，本书采用计算实验的方法来进行分析研究，区别于实证研究，但又与实证研究相辅相成。计算实验的方法具有可重复性和可控性，解决了实证研究在数据选择、微观机理分析等方面的一些局限。因而，本书丰富了有关过度自信对股票定价影响的研究，丰富了行为金融学的资产定价理论，同时也从侧面验证了采用计算实验方法来研究复杂金融问题的可行性。本书研究了在卖空机制的背景下，投资者的过度自信心理对股票市场定价的影响，丰富了相关领域的研究。

从实践意义上来说：第一，有利于指导投资者更好地进行理性投资。我国股票投资者心理承受能力和相关知识水平整体较差。他们进行投资决策前容易过度自信、跟风炒作、盲目投资，然而当出现决策失误后，又极容易产生后悔效应、极度悲观等情绪，这无疑加剧了股票市场的波动。研究投资者的这种非理性行为，探寻人的心理行为对投资决策的影响，可以促使投资者更加理性地进行投资与决策，从而避免股市的过度波动。第二，有利于我国证券市场的发展与完善。本书的研究可以使我们了解投资者的过度自信会对市场机制以及股票市场的价格形成机制产生什么样的影响，使我国股票市场管理者了解投资者的非理性行为对市场质量的影响，这将指引我国股票市场管理者采用更科学的管理方法，制定更加成熟的市场制度，从而提高监管的质量、提升股票市场运行的效率，确保我国股市健康、平稳发展。

（二）文献综述

1.卖空机制与股票定价的研究

股票定价理论是资本市场理论的核心内容，也是半个世纪以来金融经济活动中最为活跃的一个分支。Tobin（1984）认为，能较多反映一个公司异质信息的股票的价格越有效，其股票定价的效率也越高。Roll（1988）从市场和公司异质性两个方面来解释股票收益率。Morck等（2000）采用CAPM模型，以回归拟合优度R^2作为衡量指标来研究股波动与市场波动是否相关。Piostroski和Roulstone（2004）研究发现，股票定价效率越高的股票市场，其个股股价所包含特质信息量越大，他们认为股价能否及时地反映出相关信息是衡量股票定价效率的重要因素之一。Hou和Moskowitz（2005）对CAPM模型加以改进，通过股价滞后指标来作为衡量股价对市场信息的反应速度的标准，利用资产价格对市场信息调整速度的相对效率来衡量股票定价效率。

"双融制度"作为一项基本的信用交易制度，在国外的一些成熟资本市场已运作多年，相关研究成果十分丰富。我国的融资融券制度推出不足十年，还是一个生机勃勃、充满活力以及有着各种可能的少年。尤其是2010年之后，相关研究如雨后春笋般涌现。其中卖空是指当投资者看空一只股票却不持有该股票时，投资者可以向证券市场中具有融券业务资格的经纪人提供一定保证金作为抵押，然后借入该股票并卖出，之后等该股票下跌后又在低位买回，最后归还给经纪人并支付一定的利息。卖空机制从本质上来看，可以说是一种金融创新，它丰富了投资者的投资手段，也为投资者提供了一种风险规避的方法。但国内外关于卖空机制对股票定价的影响方面的研究并没有形成一致的观点。

（1）卖空机制对股票定价的正向影响。部分学者认为，当市场上存在卖空约束时，市场参与者之间的信息无法得到有效扩散，投资者也不能通过有效措施释放自己对市场的看法，收益率会出现异常分布，从而降低市场质量。Miller（1977）研究发现，当市场中存在卖空约束时，看跌市场的投资者不能通过任何操作将其悲观预期和负面信息反映到证券价格上，而乐观的投资者却不受影响，加大投资并导致价格高估，从而使股票价格与内在价值不同步，出现偏离。Jarrow（1980）的研究认为，异质信念和卖空约束会减少被高估股票的相关替代资产的需求，其价格也相应被低估。所以，缺乏卖空机制的市场会降低资产的定价效率。Diamond和Verrecchia（1987）在建立的理性预期模型中对市场参与者以及卖空约束进行了分类，认为卖空约束会致使股价对利空消息不敏感。Li和Myers（2006）认为存在卖空约束的市场，上市公司的透明度会受到影响，而且R^2也会变大。Chang等（2007）以香港股市中的数据为参考，发现当市场中的投资者存在异质信念时，卖空约束会使股票被明显高估。而融资融券标的股票的价格则不会偏离内在价值。

国内方面，2010年我国融资融券制度推出以前的研究多以理论研究以及对国外成熟市场、中国香港、中国台湾的实证研究为主。李宜洋和赵威（2006）对以中电控股（香港上市）在卖空交易前后的成交量和涨跌幅度作为指标，对比发现卖空机制会增加市场深度，有助于提高股票的定价效率。彭韵颖（2007）的研究认为，卖空机制可以优化市场资源配置，卖空机制的存在可以提高市场定价效率，骆玉鼎和廖士光（2007）通过对我国台湾股市的研究发现卖空机制提高了市场的流动性。郑丹（2010）提取2003年1月到2010年3月的香港股市月度融券余量余额与香港标普大型股指数数据，进行了协整分析和因果检验，结果表明卖空机制在一定程度上能起到稳定股市、减少股价暴涨暴跌的作用。国内2010年以后的文章多以我国股市推出前后的数据对比以及实证研究为主。杨德勇和吴琼（2011）对比分析了我国融资融券制度推出前后一年的相关指标，发现我国融资融券交易在一定程度上能起到活跃标的股票，降低个股波动的作用。肖浩和孔爱国（2014）通过双重差分模型得出，融资融券业务减少了股价特质性波动。李志生和陈晨（2015）利用国内2009—2013年间国内A股市场的数据，对比研究发现融资融券制度改善了中国股市的价格发现机制，提高了股票的定价效率。唐松等（2016）认为，推出融资融券交易后，卖空机制提高了我国股票市场对标的股票负面消息的定价效率。孙英隽和苗鑫民（2017）通过上交所114只股票的相关数据，发现融资融券的推出显著改善了标的股票的定价效率。潜力和邱丽萍（2017）通过GARCH模型和VaR模型研究认为，融资融券制度抑制了股市波动，但在中国目前的市场环境下，该项业务的作用还有进一步提升和开发的空间。孙鸿韬（2019）通过双重差分模型研究发现，融资融券提高了股票市场定价效率，而且随着融资融券制度的日益完善，其对股票定价效率提高的影响也在不断攀升，二者是一种正向的作用关系。

（2）卖空机制对股票定价效率的反向影响。部分学者认为，融资融券交易无助于提高或者反而降低定价效率。他们认为，市场中由于卖空交易的存在，股票价格并不能真实地反映出其内在价值，这样会严重损害股票市场的价格形成，从而出现各种低效率的现象，如严重溢价、同涨同跌和暴涨暴跌。

Hong和Stein（2003）构建异质信念模型，发现利空消息在股市下跌时积聚并无法得到有效吸收，使股市雪上加霜并最终把股市推向崩盘的绝境。Charoenrook和Daouk（2005）通过对全球111个国家和地区的证券市场的实证研究表明，卖空交易不能很好地校正股票收益率的偏度，而且在降低股市崩盘上发挥的作用有限。Bai等（2006）发现卖空交易在信息不对称的市场中的作用有限，而且会增加市场的风险。

国内学者中，廖士光（2011）通过实证研究对比融资融券前后标的股票的相关数据，发现我国融资融券交易的效果不太令人满意，对股票定价效率的影响也十分有限。才静涵和夏乐（2011）对香港市场的研究发现，卖空制度降低了市场深度并增加了信息的不对称。许红伟和陈欣（2012）基于双重差分模型发现融资融券交易虽然能够显著减少股价暴跌的概率，但在抑制暴涨上发挥的作用微乎其微。方立兵和肖斌卿（2015）发现，由于受诸多约束，中国股市中"卖空"通道未能发挥其应有作用，而"买空"通道有被"过度开采"的迹象。褚剑等（2016）采用双重差分法研究发现，融资融券制度在降低相关标的股票的股价崩盘风险上没有发挥应发挥的作用，标的股票崩盘风险没有得到抑制，反而恶化了其崩盘风险。吕大永（2018）研究发现，融资交易和融券交易的影响存在不一致性。融券交易提高了定价效率而融资交易降低了定价效率。唐骊媛和向鸿（2019）基于A股市场2000—2016年的数据发现，中国资本市场存在贝塔异象，而融资融券开放后高贝塔值股票的收益率进一步下降。

2.过度自信与股票定价的研究概况

传统定价理论以理性人假设和有效市场理论为基础，认为市场中的投资者是完全理性的，资产价格能充分、准确、迅速地反映市场信息。然而，现实股市中层出不穷的金融异象对传统金融理论的假设提出了挑战与质疑，为行为金融理论的快速发展提供了动力。行为金融理论否定完全理性人的假设，从投资者心理偏差、过度自信、羊群效应等心理特征研究投资者的心理因素对股票定价的影响。Kahneman和Tversky（1979）提出的前景理论是行为金融学的重要理论基础。他们通过实验对比发现，大多数投资者的行为并不总是理性和风险回避的。之后的学者以行为金融学作为理论基础，相继提出了一系列行为金融学的资产定价模型，如噪声交易者模型（DSSW模型）、行为资本资产定价模型（BAPM）、BSV模型、DHS模型、统一理论模型（HS模型）、BHS模型等（蔡会彦，2016）。

过度自信是行为金融理论中一个重要的分支，是指人们过于相信自己的投资与决策能力，高估了自己会成功的概率和自己所掌握的私人信息的准确性，这种现象也普遍存在于股市中。国内外关于过度自信对金融市场的影响方面的研究主要集中在交易量、波动性、流动性等方面，学者们采用理论研究、实证研究和实验经济学的方法取得了丰厚的成果。

（1）在理论研究方面，Benos（1998）认为，投资者的过度自信会增加股票市场的深度和信息量，致使市场交易量和市场波动率提升。Gavais和Odean（2001）建立了多期动态学习模型，认为市场投资中取得的高收益会使过度自信的投资者高估自己的判断能力，进而带来更多的市场交易。Scheinkman和Xiong（2003）建立了一个连续时间均衡模型。该模型表明，投资者的过度自信会造成资产定价泡沫，使市场中交易量和波动性偏高。陈其安、唐雅蓓和张力公（2009）建立数学模型，从理论上证明了中国证券市场上机构投资者的过度自信与股票市场波动性和交易量正相关，机构投资者的过度自信程度越高，市场价格波动就会越剧烈，交易量就会越大。当机构投资者高估其所掌握私人信息的精度时，其期望收益将会随之降低。李潇潇和卢磊（2016）建立了基于投资者过度自信的A-B股价格均衡模型，研究表明投资者的过度自信程度与A-B股的溢价成正比。方灿琪（2017）突破传统过度自信模型中限制投资者数量的局限，构建了一个更贴合实际情况的 N 维过度自信模型，研究金融泡沫和资产定价。金华等（2018）通过理论模型研究认为，投资者的过度自信程度与资产定价呈反向关系。投资者的过度自信程度越低，市场有效性越高，资本成本和流动性越低。石广平等（2018）构建了一个中国股市泡沫动态演化机制模型，该模型中包含投资者过度自信的变量。研究发现，投资者的过度自信会加快股市投机泡沫的形成。

（2）在实证研究方面，Chuang和Lee（2006）认为，市场收益（损失）使过度自信投资者在随后时间段内采取更加激进（保守）的交易策略。Stateman、Thorly和Vorkink（2006）建立VaR模型和脉冲响应函数解释了"交易量之谜"。研究表明，投资者对自身投资能力和决策水平的高估会导致更频繁的交易。唐先勇（2010）分析了在牛市和熊市两种不同的环境下，投资者的过度自信对市场价格的影响。发现当市场处于牛市状态时，利好信息更受过度自信的投资者的青睐，投资者忽视利空信息或者对利空消息反映不足，造成股价被高估而快速上涨；而在熊市环境下，情况恰好相反，投资者会对利空信息更为敏感，会促使股价迅速下跌，股价被低估。廖理等（2013）、杨德勇等（2013）实证发现我国投资者存在过度自信导致的过度交易行为。王晋忠和张志毅（2014）通过实证发现牛市中投资者更容易出现过度自信现象，熊市中的投资者更趋于理性。陈日清（2014）研究认为，投资者的过度自信会造成频繁的交易，导致市场超额波动。

（3）采用实验经济学的方法，Deaves等（2009）通过问卷设计，将投资者的过度自信从过高定位、过高精确和过高估计三个维度进行衡量。实验结果表明过高定位和过高精确都会引起过度交易。Sembel（2011）发现，在交易活动中过度自信程度高的个体比过度自信程度低的个体更活跃，但过度自信程度低的个体投资收益明显更高。武志伟等（2017）采用实验经济学的方法，依据被试者自己预测的答题准确率和真实答题准确率之间的差异来作为衡量过度自信程度的指标。研究发现，当市场上投资者的过度自信程度较高时，会出现更严重的资产泡沫，交易中资产价格波动也更为剧烈。杨晓兰等（2018）研究发现，在投资者过度自信水平较高的市场中，过度自信程度与股市泡沫、市场活跃度、资产价格波动正相关。

3.基于计算实验方法的股票市场研究概况

计算实验是利用计算机技术构造实验环境、实验对象以及实验平台，从而对现实世界中物质运动的规律加以模拟，是一种研究问题的科学的方法（盛昭翰等，2009）。计算实验通过具有可控性、可操作性的实验，来研究系统要素间的相互作用及其整体涌现现象的演化过程。实验中的参数可以由研究者自行选择、人为予以控制，可以通过所选参数的变化研究其对整个系统演化的影响。张维（2010）认为，计算实验金融学就是运用现代计算机技术，在特定的市场结构下，对市场中异质主体的学习行为、适应性以及他们之间的交互作用来进行微观建模，形成贴合现实的模拟金融市场，然后在这种模拟的市场中进行微观层次的实验来揭示市场的变化及其动态成因。

股票市场是一个复杂的自适应系统，因此如何模拟出一个高度吻合现实的虚拟市场是计算实验金融研究的基础，学者们耗费了大量的心血，取得了丰富的成果。Noe（2003）模拟出了一个具有高度学习能力的自适应主体的股票市场，从公司和投资者的角度解释了"股权溢价之谜"。Hommes（2006）通过模拟的仿真市场探究了市场行情的变化对投资者情绪和交易策略的影响，并通过模拟结果解释了尖峰厚尾和波动集聚等金融市场的典型化特征。Shimokawa等（2007）研究了投资者厌恶风险的特征对股价波动、收益分配的不对称性和收益波动的自相关性等常见金融异象的影响。张维、赵帅特等（2008）研究了股票市场收益的时间序列可预测性等问题。巩兰杰等（2008）基于SFI-ASM 2.2的人工股市模型很好地贴合了现实股市的基本特征。Dickhault等（2009）利用计算实验模拟研究了市场有效性和市场漂移性。刘兴华等（2009）构建的人工市场模型验证了市场中存在的"双相行为"。

在股票定价的研究方面，Chiarella和Iori（2002）将投资者分为基本面分析者、趋势分析者和噪声交易者三类，考察了三种不同信念投资者对股票价格、买卖价差、交易量以及波动性的影响。高宝俊等（2005）运用计算实验金融的方法，将模拟市场中的投资者分为价值投资者和技术投资者两类，发现在模拟的股票市场中，随着技术交易者比例的增加，股票价格的波动性也会加剧。宋逢明和李超（2007）构建了一个基于订单驱动的人工股票模拟市场，在实验中对股价的不同涨跌幅限制范围进行了不同的取值，发现涨跌停板制度会对股票市场的波动性产生影响。Yagi等（2010）的研究认为，卖空交易能够降低市场波动。吴术等（2013）研究了引入卖空机制前后以及在不同保证金下股票价格、市场波动性和流动性的变化，发现卖空机制的引入会增加市场的流动性。戴秦等（2014）设计了贴合中国股市实情的连续双向拍卖机制和融资融券制度的人工股市仿真系统。研究结果表明融资融券制度可以在一定程度上平抑股价波动，增加市场的有效性和理性程度。韦立坚（2017）利用计算实验方法考察$T+0$交易制度对市场质量的影响。实验结果表明，无论是在正常还是异常波动的市场中，相对于$T+1$，$T+0$制度都可以增加日内流动性并降低日内波动性，因而提高了定价效率、改善了市场质量。

4.基于计算实验方法的行为金融学研究概况

与传统的资产定价模型相比，行为金融理论的模型更加复杂，因而区别于传统的纯数理推导，采用计算实验的方法在控制影响因素、观测行为人的预期等方面具有明显的优势。在计算实验和行为金融学的结合上，Lux和Marchesi（2000）构建了一个研究羊群行为的计算实验模型。发现投资者的策略和信息会影响市场波动，当市场上主体数量逐渐增多时，投资者的行为策略会使技术分析家转化为基本面投资者。姜继娇和杨乃定（2006）结合行为金融理论，将投资者设置为有限理性，设计了一个主体存在认知偏差的人工股市模型，分析发现股票市场并不是有效的。李红权等（2010）研究了投资者情绪对于市场演化行为的影响。研究结果表明人工股票市场能够产生真实市场演化过程中的混沌动力学行为，并且这种市场演化行为会随着投资者情绪的变化而变动。陈莹等（2010）采用计算实验的方法研究了协同羊群行为与市场波动的关系，发现受市场情绪左右出现协同的羊群行为可以引发市场波动。袁建辉等（2011）、刘海飞等（2011）的研究结果表明，相比于国外成熟的市场，中国股票市场具有更加严重的羊群行为，而且羊群行为造成了收益率和股价较大的波动。张海峰（2011）采用计算实验的方法对前景理论进行了研究，发现基于前景理论构造的投资策略相比传统决策偏好具有较大的优势。郑丰等（2015）构建了异质主体模仿投资决策的股市模型，研究发现羊群行为会增加市场的波动。

5.研究述评

国内外关于过度自信的文献众多。在研究过度自信对于股票市场的影响方面，无论是通过建立数学模型还是采用实证、实验的方法，学者们取得的成果都比较丰富。但是，作为一种非理性的心理特征，如何评价以及度量过度自信还没有形成统一的标准，学者们更多的是用实证的方法或者通过代理变量来验证过度自信是真实存在的。资产定价问题是金融市场的核心问题，历经多年的研究，其相关研究成果十分丰厚且已形成比较完整的体系。无论是从传统金融理论视角还是从行为金融理论的视角，相关文献都十分丰富。国内外有关融资融券制度的研究众多，但是受制于各国制度的差异以及经济发展状况的不同，得到的结论也有所不同，基本分为三类：融资融券可以平抑市场波动，提升股票市场定价水平；融资融券对股票市场定价没有任何影响；融资融券加剧了市场波动，降低股票市场的定价水平。由于我国自2010年才开通融资融券业务，起步较晚。而且在融资融券业务和转融通业务相继推出后，买空、卖空机制的不平衡问题突出，这些都对卖空机制的运行产生了影响。国内关于卖空机制与过度自信之间影响的研究、在卖空机制下的投资者过度自信与股票市场定价问题的研究，以及三者之间相互作用的研究更是有待深入挖掘。

与传统的理论建模、实证以及实验研究相比，计算实验方法虽然起步较晚，但发展迅速，有着蓬勃生机以及巨大潜力。无论是在资产定价的研究方面，还是在对金融异象的解释上都取得了诸多创新性的成果。尤其是对行为金融理论的研究，采用计算实验方法很好地弥补了理论建模的复杂性以及行为金融研究中实验研究的不可靠性和不可控性，无论是在理论上还是在实践中都有着重要意义。国内外采用计算实验的方法探寻股市中羊群行为的文献在不断补充与完善，但在过度自信的研究上，尤其是探究过度自信对股票定价的影响机理上的文献还较少。

（三）研究内容

传统金融理论在解释金融异象上的差强人意以及行为金融理论的发展，促使越来越多的学者打破传统金融理论理性人假设和有效市场假说，着眼于投资者本身，探寻投资者在投资过程中会受到哪些心理因素的影响，进而会对其投资决策造成什么样的偏差。我国股票市场创建时间较短，却经历了两次比较大的跌宕起伏，对社会经济和人民生活造成了一定的影响。然而，关于这两次暴涨暴跌的起因，传统金融学并没有给出合理的解释。尤其是在2015年，大量新的投资者涌入市场，自2010年推出的卖空机制没有发挥出其应有的平抑股价起伏、转移投资者风险的作用。

投资者的过度自信是不是我国股市暴涨暴跌的原因？投资者的过度自信会对我国股票市场定价产生什么样的影响？当牛市中大量投资者涌入，市场高涨，投资者过度自信程度增强以及在熊市中，投资者大量退场，整个市场又过度悲观时，股票市场的定价效率是提升还是减少？卖空机制缘何会在2015年股市的大涨大跌中失效，投资者的过度自信又在其中扮演了什么样的角色？这些正是本书所要研究问题。

本部分主要采用计算实验方法，研究当市场中存在卖空机制以及不存在卖空机制这两种情形下，投资者的过度自信对我国股票市场定价的影响是否会存在差别，以及在卖空机制存在的市场中，投资者的过度自信对卖空机制作用的发挥会不会也产生相关的影响。首先，使用Java语言，基于Swarm平台建立了一个人工股票市场，并在此基础上，引入卖空交易机制和交易策略不同的两类主体：过度自信投资者和理性套利者。其次，为两类投资者制定不同的投资决策，并对系统进行初始赋值。

建立基于这两类投资者类型的加入卖空机制的股票价格系统动力学模型。再次，根据两类投资者在模拟市场中的行为来研究过度自信对股票定价的影响。研究发现投资者的过度自信会增加市场波动性和流动性。当市场上过度自信的投资者的人数减少以及过度自信程度较低时，卖空机制能发挥出其应有的"股市稳定器"的作用，降低市场波动。但随着市场上过度自信投资者人数的增加以及过度自信程度的增强，卖空机制的作用会受到抑制。投资者的过度自信会增加市场的流动性，而卖空机制的引入则会加剧这一现象。最后，本部分构建了两种不同的市场类型，发现投资者的非理性因素会在过度自信的牛市中加剧股市的波动，增加整个市场的流动性，而在过度悲观的熊市中降低市场的流动性。过度自信投资者的这种助涨助跌行为是造成我国股市在2015年暴涨暴跌的原因之一。

本部分总的行文思路与结构如下：

一为引言。主要阐述了本书研究的市场背景和制度背景，介绍了本书的研究目的和研究意义。接着对相关文献进行了梳理，包括卖空机制与股票定价、过度自信与股票定价以及采用计算实验方法研究行为金融问题这三个方面的一些研究成果。并对这些研究成果进行了文献述评与总结。最后概述了本书的研究特点和创新点。

二为相关的理论基础。首先，从理论上阐述了过度自信对股票市场效率、流动性和波动性影响的作用机理。其次，介绍了计算实验方法的产生背景以及思想基础，列举了采用计算实验方法研究复杂金融问题的优势，概述了本部分所要借鉴的计算实验模型。最后，简要介绍了本部分进行计算实验研究所要使用的研究平台Swarm。

三为人工股票市场模型的构建。主要介绍了所要构建的人工股票市场模型中股票价格的形成机制、投资者的决策机制和市场交易机制。并在此基础上构建了一个包含卖空机制的股票价格系统动力学模型。最后介绍了模型中事件发生的先后顺序与程序运行的流程。

四为实验的结果与分析。首先对初始参数进行设定并对实验结果进行有效性检验。然后分别在有卖空机制和无卖空机制这两种情况下，分析不同过度自信程度和过度自信投资者所占比例时股票收益和换手率的统计特征，从流动性和波动性两个方面来探讨过度自信对于股票定价的影响。最后通过一组对比实验来验证投资者的过度自信在不同市场状态下对股市的影响。

五为总结与展望。主要是对本部分的结论做一总结。并以此提出一些政策性建议。最后总结了本部分的不足以及对今后研究方向的展望。

（四）特点和创新

首先，在研究的内容上，以往对资产定价的研究多以传统金融理论为主，本部分以行为金融理论为基础，从过度自信视角来研究投资者的非理性行为对我国股票市场的影响。丰富了行为金融学的理论，为从行为金融视角研究股票定价问题提供了新的研究成果。

其次，在研究的背景上，加入了卖空机制的作用，探讨了卖空机制与投资者过度自信心理对股票市场的交互影响。丰富了相关理论，从行为金融理论的视角解释了虽然卖空机制在我国股市中已存在了9年，但市场中仍会出现暴涨暴跌的低效率情况的原因。

最后，在研究的方法上，以往研究过度自信以及卖空机制的文献，采用的大都是理论和实证的方法。由于制度、时间以及选取数据的差异，不具有普适性，因而不同学者的研究结论之间有些出入。而本部分利用计算实验的方法，具有可控制性、可重复性，能更好地模拟不同市场环境，使研究工作已不再局限于建立数学模型进行数理分析或者计量实证检验，而是拓展到计算机模拟，通过模拟现实股票市场进行可控、重复的实验探索股票市场演化的规律和解决问题的方法，克服了传统研究方法中的"不可重复性""不可控性""不具备适应性"等不足。

二、相关理论基础

（一）过度自信理论概述

1.过度自信的定义与度量

过度自信是认知心理学的研究成果，是投资者的一种非理性的心理因素，也是一种广泛存在的认知偏差。Odean（1999）将过度自信定义为一种认为自己所掌握的知识准确性比事实的准确性更高的一种信念，即对自己的信息赋予比事实上更大的权重。在完全理性的情况下，人们预测一件事情发生的平均概率应该是与实际的概率相同或者相似的，但在现实生活中，由于受偏见、情绪、信念等非理性心理因素的影响，人们常常高估自己的认知能力和私人信息的准确度，从而出现平均概率的估计与实际概率不一致，并常常表现为平均概率的估计高于实际概率的现象。

过度自信作为一种非理性的心理特征，难以准确地加以度量。在以往心理学的研究中，通常以被测试者对自身行为判断的概率估计与实际概率之间的偏差作为度量其过度自信程度的标准，正向偏差越大代表被测试者的过度自信程度越高。例如，如果被测试者对自身全部正确的概率估计为90%，但实际情况中正确率只有50%，那么40%便代表被测试者的过度自信程度。在股票市场中，投资者的过度自信往往表现为一种对自身投资能力和决策水平的高度自信，从而会通过一系列传导效应在市场中体现出来。因而在实证研究中，往往采用间接度量的方式，通过交易量、换手率、投资者情绪等代理变量来进行研究。在数学理论模型的研究中，大多是先假定一个理性状态下的参考值，然后将所估计对象（整个市场或者是过度自信的投资者）的值与这个参考值加以比较，以判定投资者是否过度自信来建立投资者过度自信下的资产定价模型。例如，如果股票市场的历史波动为δ_h，而实际波动为δ_s，就可以用一个变量k与历史波动相乘来估计实际波动，这个变量k就可以作为衡量过度自信的指标。因而可以看出，衡量过度自信的指标众多，方式十分多样，但至今还没有形成一个统一的标准，而且度量方式的成功与否，也直接关系到所建立模型与研究的成败。

2.投资者过度自信对股票定价的理论分析

（1）投资者过度自信对股票市场效率影响的理论分析。市场效率通常用市场价格所包含的信息量的大小来表示。传统金融学理论中，在完全竞争的市场中，均衡状态下的市场价格会包含全部相关信息，只有出现新的信息后才会引起价格的变动。但是在现实经济活动中，经济主体和市场运行机制受制于制度、信息和非完全理性等诸多因素，因而完全竞争的市场状态实在现实市场中是不存在的。

现实市场中，投资者过度自信对于股票市场效率的影响取决于信息在市场中是如何传递的。如果新信息被少数投资者获悉，过度自信会使信息的获得者高估其获得的私人信号，从而造成更多的交易，而后被其他投资者获悉成为公共信息，使得价格逐渐向其真实价值收敛，结果反而会提高市场效率。如果获得新信息的人群在整个市场中占有很大比例，并且这些投资者之间对新的信息的理解没有达成共识，过度自信就会使这个新信息被过度估计，导致价格偏离真实价值，从而降低了市场效率。与完全理性的市场相比，在过度自信程度较轻的市场中，投资者的认知偏差较小，这虽然会导致股票定价错估，但价格中所含的信息量会随之一起增加，在两者的相互作用下，市场效率反而会提高。

（2）投资者过度自信对股票市场波动性影响的理论分析。过度自信会使投资者高估自己掌握的私人信息，相信自己拥有更高的投资能力和决策水平，相信自己能够通过频繁的交易取得更高的收益。因而当股市行情高涨时，过度自信的投资者会将其所获得的收益归因于自身的能力，肯定自己过去的投资决策，从而忽视外部市场因素，采取更加激进的投资策略，即提高交易次数，缩短交易时间间隔，购买风险更高的股票等，在股票价格上涨时不断买入股票。而当股市低迷时，过度自信又会使投资者选择"割肉"，出售自己手中所持有的股票，这种助涨又助跌的行为必然会导致股票市场价格的异常变化，进而增大股票市场的价格波动性。

在股票市场中，机构投资者会采用各种手段获得私有信息，使交易价格更贴近资产的实际价值。过度自信会使机构投资者更有把握"火中取栗"，在更大风险中获得收益。于是增加股票的持有量，从而降低股票市场的流动性。个人投资者作为股票市场价格的接收者，过度自信会增加其对私有信息的估计，并对私有信息过度反应，从而增加股票市场的波动性。而在我国股市中，个人投资者在市场中占据绝大多数，在认知、经验和信息等方面处于劣势且普遍存在过度自信的心理。这些都在一定程度上解释了两次股灾中我国股票市场存在的暴涨暴跌、同涨同跌的异常波动现象。

（3）投资者过度自信对股票市场流动性影响的理论分析。衡量一个市场是否富有流动性主要是看这个市场中的投资者是否可以在需要时以较低的交易成本迅速完成交易，同时又不会对价格产生较大的影响。Levine（1991）认为，市场流动性不仅确保了金融市场的正常运作，还促进了资源的有效配置和经济增长。

在传统的金融理论的投资者完全理性的条件下，交易量不会出现太大的变动。当市场处于均衡状态时，交易量应为零。在现实市场中，投资者的过度自信导致股市中发生大量盲目的交易。尤其是在我国股市中，换手率和交易量居高不下。学者们通过理论模型认为对过度自信投资行为表现的推断就是其过多交易（Gervais and Odean，2001；Scheinkman and Xiong，2003；张颖洁和张亚楠，2010）。他们认为，过度自信会使投资者高估自己所获得信息的精确度，产生过于依赖自己的判断和投资能力的心理，从而导致市场中更多的交易，提升了市场交易的活跃度，增加了市场深度，增强了市场的流动性。

综上所述，理论上投资者过度自信对于股票市场定价的影响主要为：①投资者的过度自信对市场效率的影响受到信息散播方式、获得主体等因素的影响。②投资者的过度自信会增加市场波动性，但也会提高市场流动性。

（二）计算实验方法的相关理论基础

1.计算实验金融学的产生背景

在20世纪70年代末期，层出不穷的"金融异象"（如过度波动、长期反转、规模溢价、公告效应等）对经典金融理论的投资人理性和完美市场假设产生了很大的冲击。学者们从非理性人假设与投资者异质行为这两个方面开始新金融经济学的研究。新金融经济学（如行为金融学、信息不对称理论、不完全市场理论等）放松了经典金融理论中投资人完全理性和有效市场等假定约束，将研究重点放在微观个体的行为上，更加注重微观市场因素对于宏观市场动力学性质的影响的研究，而不是将关注点唯一、直接地放在集结性的金融数据所表达出来的宏观规律上。新金融经济学假设市场中的行为个体是不完全理性的和带有心理特征的、市场是非完美和有限套利的。

传统的金融研究方法：理论建模研究、实验研究和实证研究，在面对越来越趋于复杂的金融系统时，这三种方法都存在或多或少的问题。在理论建模方面，随着投资者行为的日益精细以及市场运行机制的丰富，理论模型的复杂性与以往的研究相比不可同日而语。模型推导以及均衡求解都变得异常棘手；实验研究方面，容易受到实验规模和实验手段的限制，在金融市场长期动态规律的研究上难以进行；在实证研究上，一些对资产定价研究具有重要意义的数据，如每个投资者的交易记录、对投资风险的态度以及预测未来股价行为的方式等，这些数据很难获得。以上这些困难成为制约新金融经济学发展的"瓶颈"。

为打破这种瓶颈，1994年，遗传算法的创始人Holland提出了复杂自适应系统理论（CAS），该理论为新金融经济学的发展提供了一种全新的方法与视角。其核心思想是"适应性造就复杂性"。CAS理论认为，系统由主体（在一般系统论中系统的个体称为元素、部分或者子系统）组成，主体具有主观能动性、异质性、学习能力和适应性。主体在与环境以及其他主体之间进行交互的过程中会不断学习与进化，并改变自己的决策和行为，在自我进化的同时推动整个系统发展和演化，使系统呈现出复杂特征。CAS理论强调的是一种自下而上的建模思想，将宏观与微观有机地结合了起来。

20世纪80年代以来，学者们利用计算机计算能力大幅度提升和面向对象编程技术的发展所带来的信息技术的突破，实现基于主体的微观建模，研究金融系统的复杂性。Arthur，Holland 和Lebaron构建了最早的一个在计算机上模拟的人工股票市场——圣塔菲人工股票市场。该模型以CAS思想为基础，使用了遗传算法和分类器技术，使主体在这个系统中不断地演化，为CAS理论提供了一个很好的实证范例和研究平台。伴随着这个平台的发展，众多金融学家也加入其中，并在此基础上相继发表了一系列论文（Palmer，1994；Arthur，et al.1997），这也标志着基于主体的计算实验金融学的诞生。2006年Axelrod和Tesfatsion以及众多著名学者编著的 *Handbook of Computational Economics* 是计算实验金融学里程碑式成果，这也标志着计算实验金融学开始走向成熟。

2.计算实验金融学的思想基础与优势

金融市场是由投资者、交易环境、金融机构等构成的一个典型的复杂自适应系统，这些要素之间的交互影响，推动着金融系统以一种非线性、自组织的方式不断演化。市场上的投资者有着不同的风险偏好以及认知偏差，为了获得利润，他们基于经验认知与模仿学习形成自适应的异质信念与交易行为。投资者之间、投资者与环境之间都存在着彼此独立却又相互依赖、相互依存的交互作用。市场中价格的形成与市场复杂特征的涌现是由他们在市场交易机制的作用下共同决定的。他们的这一行为合力推动个人有限理性与市场的协同演化。

计算实验金融学（ACF）的基本思想是把金融市场看成是由大量主体组成的复杂演化系统，这些主体会不断学习，他们具有有限理性和异质性，相互之间会发生交互作用。计算实验金融学把市场中的投资者定义为具有自适应性的主体，由他们进行投资决策。计算实验金融学的学科基础是复杂性科学、新金融经济学以及计算实验学等学科理论，其思想基础如图1-1所示。

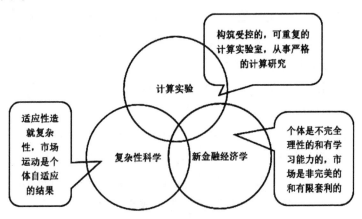

图1-1　ACF思想基础的构成

其中，计算实验的思想是仿真实验思想在金融市场的延伸。计算实验金融学并不仅是单纯地用主体替换实验经济学中的真人参与者，而是以复杂适应系统理论为基础，面向个体建模，对投资者的效用函数、风险偏好和心理偏差等都可以进行刻画与描述，因而相比于理论建模方法、实验方法以及实证方法研究，采用计算实验的方法研究复杂金融问题具有以下三个方面的优势。

（1）突破了理论建模在数学处理上的种种限制，为开展投资者异质性研究提供了技术条件。理论建模往往会选择代表性主体，通过构建一个完美的瓦尔拉斯市场来求得均衡解。然而，在现实中这些条件很难满足。采用计算实验的方法可以解决解析模型范畴内引入异质性所导致的模型求解困难的问题，因为计算实验的方法可以"自下而上"地对主体的偏好形成以及异质行为的演化过程等进行建模。传统数理建模难以描述的投资者交互行为，通过计算实验的方法都会很容易地实现。

（2）弥补了传统金融实验研究的不可靠性与不可控性，突破了实验经济学中只能够对实验机制进行有效控制而无法实现对实验主体的行为进行有效控制的局限。传统的金融实验研究多以真人的形式进行，实验者常常具有"被实验"感，在实验中的行为与现实生活中的行为会因为实验时自身所处环境、身体状态、心理状态等出现差异，存在实验数据不可靠的问题。然而，通过计算实验的方法可以有效地解决这些涉及到实验参与者自身行为本能的问题。在计算实验中，投资者主体会按照设定的行为规则来执行操作，不会受到外部以及内部因素的干扰。

（3）克服了实证研究对数据环境与时间跨度的依赖性。实证研究采集与分析的是不同时间段内的市场数据。然而，实证研究所利用的数据，只是金融市场这个复杂系统的一次随机过程的结果，不具有普适性和可重复性，可以说只是"一次性"的规律。采用计算实验的方法，可以通过预先设定投资者的行为和市场的交易机制，在保证构成市场环境的相关条件不变以及投资者行为前后具有一致性的基础上，进行大量重复仿真实验，这样会产生大量的在同一时间点的随机实验数据，这恰好解决了实证研究中对数据环境和时间跨度的依赖问题。这些数据是在相同条件下进行多次重复随机过程的结果，能在一定程度上客观地反映出真实市场的一些规律。

3.计算实验模型

采用计算实验的研究方法的首要任务是搭建计算实验模型，建立一个模拟的金融市场。该模拟市场主要包括投资者决策与调度系统、市场交易系统以及外界环境与市场信息所构成的信息集（张维等，2012）。市场中的投资者对接收到的信息进行处理，然后和其他投资者之间的交互行为一起产生决策，由此形成订单。对于这些订单，市场交易系统会根据一定的交易规则，促使这些订单完成交易，由此形成价格。而价格等信息又会通过市场环境反馈到交易者手中，并以此作为交易者之后产生决策的依据。

现行的典型人工计算实验股票市场研究模型主要有两个，分别是圣塔菲研究所开发的SFI-ASM模型和Terna领导的团队开发的SUM模型。本书的人工股票市场模型主要依据前者，该模型主要由两部分组成：一个是股票交易者（称为主体），另一个是主体所处的环境。

（1）主体的构成。在SFI-ASM中，主体的主要构成如图1-2所示。

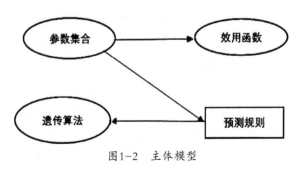

图1-2　主体模型

①预测规则由if[condition]，then[result]组成。其中[condition]部分都是一些抽象的、经过特殊编码后的0、1序列信息，[result]则是当股票投资者采用当前规则后所会采取的行为。每个股票投资者都有一组自己的规则，以此来模拟现实中交易者的多样性，而且模型中的每个股票投资者还可以通过遗传算法，通过淘汰、突变和交叉来不断更新自己的规则集。

②股票投资者的效用函数表达了每个股票投资者对股票价格以及股票持有量之间的偏好选择。通过当前的股票价格和该股票投资者对未来股价的预期就可以求出股票投资者对持有股票的需求量。股票投资者不会将自己的预期或者买卖意图告知他人，他们之间的互动完全是通过各自独立的市场价格进行。

③股票投资者的财富状态主要包括当前该股票投资者所持有的股票数量和现金持有量。

④股票投资者的参数集合中包括了其效用函数的具体参数、最大（小）持有的股票数量、遗传算法的参数等，是股票投资者在运行过程中的不同行为参数集。

（2）股票投资者的环境。股票投资者所处的环境主要包括以下几个部分：股市的状态以及状态的历史信息、分析专家（扮演做市商的角色）、随机股息流和股市的参数集合，如图1-3所示。

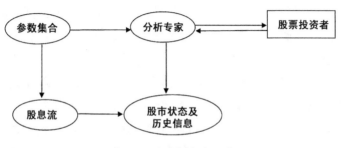

图1-3　股票投资者环境

　　环境模型中的时间是以离散的方式不断推进，在这个过程中，时间序列数据会被连续的记录。在时期 t 开始时，市场上会通告当前股利 d_t，所有主体都能观察到。主体将收集和汇总这些信息（包括历史股利序列 $\{\cdots, d_{t-2}, d_{t-1}, d_t\}$ 和价格序列 $\{\cdots, p_{t-2}, p_{t-1}, p_t\}$）来建立他们对下一期的价格和股利 $E_{i,t}(p_{t+1}+d_{t+1})$ 的预期。通过这种方式，等他们计算出自己希望持有的股票数量后，会将需求数量传递给市场出清报价 p_t 的分析专家。扮演做市商角色的分析专家则会在每个仿真周期内收集市场上所有主体的股票需求量并按照模型设定的规则设置股票的价格，在这个价格下，股票供需平衡，市场能够得到出清。

　　①股市状态主要包括：t 代表当前的仿真周期，p_t 是 t 周期内的股票价格、d_t 是 t 周期内的股息，他们是随时间不断发生变化的，都可以用实数来表示，这样历史状态就记载了从 $t-h$ 期到 t 期的 p_t 和 d_t 的历史信息。所以，用下面的集合表示历史状态：

$$h_t = \{(p_{t-k}, p_{t-k+1}, \cdots, p_t), (d_{t-k}, d_{t-k+1}, \cdots, d_t)\}$$

其中：h 是时间周期深度数。模型中，当一个时间周期结束就会进入到下一个新的周期。在这个新的周期里，历史信息会进一步得到更新，而伴随着模型的不断运作，超过了 h 这个时间周期深度的历史信息就会被清除掉，不会再予以记录。

　　在模拟系统里，股票市场的状态则是通过一个长度为60位的二进制编码串来表示的，股票市场历史的每一个状态都与该编码串中的每一位相匹配。这个二进制编码中的每个位置的取值要么为"0"，要么为"1"，其中"0"表示该编码位置所对应的市场状态未被观测到，而"1"则表示已经被观测到。这样，每一个二进制位就会对应一个具体的语句，通过这些语句，主体可以来判断当前股市的状态，最后以此形成环境编码以及与其相对应的语句集合：

环境编码：$(b_1, b_2, \cdots, b_{60})$，其中 $b_i \in \{0,1\}$，$i = 1,2,\cdots,60$。

语句集合：$(s_1, s_2, \cdots, s_{60})$，其中 s_i 是一个语句, $i = 1,2,\cdots,60$。

环境编码和语句两组集合之间的关系是一一对应的。例如，如果将环境编码中第6个位置对应"本期 t 股票价格会上升"这一种市场语句状态，则若某个环境编码串的第6位的值为"1"，则说明"本期 t 股票价格会上升"这一状态可以在当前的人工股市的时间序列中被观测到。若为"0"，则说明这个状态不能在当前的市场状况下被观察到。

②分析专家的作用是根据市场供求关系确定股票的交易价格等作用，本书中用订单簿来取代。随机股息流是一个满足正态独立同分布的随机过程。股市运作过程中的一些参数，如历史纪录的长度、正态分布的具体参数等组成了模拟市场的参数集合。

4.Swarm平台

圣塔菲最初开发出ASM模型是用Objective-C语言实现于NeXTStep平台之上，后来它被移植到Swarm平台上并且有了Java版本。Java语言是一种面向对象的编程语言，具有简单性、可移植性和安全、可靠等特性。Swarm自带一个功能强大的类库，用户可以直接利用它们来构建一个模拟系统。在这个系统中，主体会根据用户设置好的规则与其他主体或环境进行交互。交互规则是以if-then的指令方式进行存取，这些规则由用户事先进行指定。用户也可以通过调度（Schedule）控制主体的行为次序。

Swarm平台可以被视为一个高效、可信、可重复使用的软件实验仪器。用Swarm进行模型建立时，只需要建立一组主体和定义一组事件就可以实现交互作用。因而对模型中主体所处的环境、主体的自适应性等都没有什么特殊的要求。用户可根据自己的需求来进行设定，避免了编制大量的专业代码，从而为很多非计算机领域的、不太熟悉编程语言的研究者提供了相当大的便利。因而被广泛应用于经济学、生物学、物理学、化学和生态学等领域，方便人们对经济系统、生物系统等复杂的系统进行建模。

通过Swarm建模建立仿真模型的一般流程如下。

（1）建立一个ModelSwarm：它是整个仿真模型的核心组成部分，定义了需要模拟的世界。如表1-1所示，主要由三个部分组成。

表1-1　ModelSwarm文件

主要方法	功能说明
buidObject（）	创建ModelSwarm自己所需的各种类对象
buidAction（）	创建ModelSwarm中主体的行为列表
activateIn（）	指定ModelSwarm的运行环境并对运行环境进行封装

（2）定义一个主体类：使用Swarm自带库中的基类来定义主体的状态和行为。

（3）建立主体：为模型设定适当的参数后，在定义个体的基础上完成了主体的建立，以此作为模拟模型的主体。主体能利用遗传算法来进行学习能力与进化。

（4）定义ModelSwarm的时序：定义仿真模型中不同个体活动的先后时间顺序。

（5）建立ObserverSwarm：ObserverSwarm可以实现各图形界面，方便研究人员进行直观的观察，研究变量的变动所带来的实验结果的变化。它首先整合ModelSwarm中的各种图形显示界面，然后再与ModelSwarm联系起来，将后者作为它的一个对象从而进行控制和管理。通过OberserverSwarm设置的控制界面，用户可以选择开始或者停止整个仿真过程。如表1-2所示。

表1-2　OberserverSwarm文件

主要方法	功能说明
buid Object ()	创建ObserverSwarm所需的各类和对象
buid Action ()	创建ObserverSwarm中主体的行为列表
activateIn ()	指定ObserverSwarm的运行环境并对其进行封装

（6）建立主函数：主函数main（）是整个仿真程序执行的入口。它的作用首先是将Swarm初始化，建立ObserverSwarm的实例。之后通过调用build Object（）方法来建立Swarm对象和图形用户界面（GUI）等模型需要的各种对象，调用build Actions（）方法建立行为列表，最后调用activate In（）方法激活仿真模型并在这个过程中完成整个程序运行环境的建立，子函数Swarm和Model-Swarm也会在此时得到激活。Main中的主要文件如表1-3所示。

表1-3　Main文件

主要对象	主要方法	功能说明
Ob-server-Swarm	init Swarm ()	初始化整个模型
	build Objects ()	建立Swarm对象和图形用户界（GUI）对象
	build Actions ()	调用ModelSwarm的build Actions（）方法，并建立自己的行为列表
	activate In ()	激活模型并建立仿真程序的运行环境
	go ()	开始启动模型
	drop ()	释放所有对象

（三）本章小结

本章首先介绍了过度自信的定义和度量方法。然后具体阐述了投资者的过度自信对于股票定价影响的作用机理。投资者的过度自信心理会对股票市场的效率产生影响，而且这种影响并不总是负面的，在特定情况下，投资者的过度自信反而有助于提升股票市场的效率。投资者的过度自信会增加市场波动，但同时也增加了市场的流动性。接着，本部分就所采用的计算实验方法进行了详细的介绍，具体介绍了其产生背景、学科基础和优势所在。采用计算实验方法研究的首要任务是建立一个计算实验模型，本书对圣塔菲的ASM模型的内部构成进行了简要的介绍，也对运作该模型的实验平台Swarm以及采用Swarm进行建模的步骤进行了简单的说明。

三、计算实验模型的建立

采用计算实验的方法研究复杂金融问题的首要任务就是建立一个人工股票市场模型，在这个过程中，对模型中的投资者决策规则和市场交易机制的构建与描述是一个最需要考虑的重要问题，也是计算实验研究的最为关键的技术问题，它们直接地影响了模型中价格的形成与变动。本书在圣塔菲ASM模型的基础上进行了相应的改进与优化。

（一）股票价格设置

本书设置市场中只有两类资产，一种是无风险债券，其价格为1，收益率为r；另一种为股票，但只有一支，其在t期的价格为P_t，内在价值为P^i，服从随机游走，股利为d_t，服从一阶自回归过程：

$$d_t = \overline{d} + \beta(d_{t-1} - \overline{d}) + \varepsilon_t \tag{1.1}$$

其中：$\overline{d}$为股利的均值，有一个初始设置值。$0<\beta<1$，可看作是一个惯性系数，表示当期股息与上期股息的相关程度。ε_t服从正态分布。为了简化以及方便计算，本模型中设置投资者所持的现金不支付利息、不征税。

（二）投资者决策规则设置

1.投资者类型和价格预期模型

在现实股票市场中，与理性投资者相比，过度自信投资者更多的是将自己的成功归因于自身的判断和私人信息的处理，他们对股价的预期更多的是建立在对过往信息的搜集以及判断上，而理性投资者更专注于股票的真实价值，认为哪怕存在短期的偏离，股价最终会回复到内在价值。在此基础上，本模型假设存在两种极端类型的投资者：过度自信投资者，此类投资者只根据自己收集的私人信息进行判断；理性套利者，此类投资者是完全价值投资。本模型假设投资者根据市场状态，基于个人认知，在过度自信投资和理性套利之间进行权衡，形成最终的价格预期。

理性套利者对股价的预期是：

$$E_t\left[P_{t+1}\right] = P_i + v\left(P_{t-1} - P^i\right)，\quad v \in [0,1] \tag{1.2}$$

过度自信投资者对股价的预期是：

$$E_t^2[P_{t+1}] = P_{t-1} + g(P_{t-1} - P_{t-2}) \quad g > 0 \tag{1.3}$$

其中：ν代表理性套利者预期价格收敛到内在价值的速度，其数值越小，收敛的速度越快。g为过度自信投资者的价格外推系数，数值越大，代表其"过度自信"程度越高。

模型中投资者对$t+1$时刻的股价和股利的预期为：

$$\hat{E}_{i,t}[p_{t+1} + d_{t+1}] = \alpha\left(P^i + \nu\left(P_{t-1} - P^i\right)\right) + (1-\alpha)\left[P_{t-1} + g\left(P_{t-1} - P_{t-2}\right)\right]$$
$$+ \bar{d} + \beta\left(d_{t-1} - \bar{d}\right) + \varepsilon_t \tag{1.4}$$

其中：α取值为0或者1。当α取值为0时，投资者为完全理性，当α取值为1时，投资者为过度自信投资者。

2.主体效用函数设置

本书设置模型中所有的投资者主体，他们具有相同的绝对风险厌恶（CARA）效用函数：

$$U(W_{i,t}, \lambda) = -e^{(-\lambda W_{i,t})} \tag{1.5}$$

投资者的资产由两部分组成：股票持有量的价值和所持现金。

$$W_{i,t+1} = A_{i,t}(p_{t+1} + d_{t+1}) + (1+r)C_t^i \tag{1.6}$$

$$W_{i,t} = A_{i,t}p_t + C_t^i \tag{1.7}$$

其中：λ为绝对风险厌恶系数，为外生变量。$W_{i,t}$和$A_{i,t}$分别为投资者i在t时刻的所有财产规模和现有股票持有量。C_t^i为投资者i

在 t 时期持有的现金。

考虑到卖空机制的作用，当市场不存在卖空时，$A_{i,t} \geq 0$，即投资者持有的股票数量不能为负；当市场允许卖空时，$A_{i,t}$ 可以为小于0，这表明投资者可以通过借入股票来进行卖空交易。

计算实验的优势是确保了每个投资者的异质性，这体现在他们对股价与股利的均值与方差的预期上。投资者通过最大化单期期望效用来优化其在债券与股票之间的资产配置。对于投资者 i，假定其在 t 时刻对下期股价与股利的预测服从均值为 $\hat{E}_{i,t}[p_{t+1} + d_{t+1}]$，方差为 σ 的高斯分布，通过最大化其期望效用函数并求一阶导数：

$$x_{i,t} = \frac{\hat{E}_{i,t}[p_{t+1} + d_{t+1}] - (1+r)p_t}{\lambda^{\sigma}} \tag{1.8}$$

3.股票价格动力学模型

根据式（1.8），参考 Anderson，De Palma（1992）和罗黎平等（2011）的研究，并引入卖空机制，构建市场股票价格系统动力学模型。

令 $\overline{y} = E_{i,t}[d_t]$，假设市场中股票的总供给为 S，在市场中每一期都可以出清。因而，由于总需求等于总供给，则会存在均衡的价格 P^* 使 $S = \sum_i A_{i,t}(P^*_t)$ 成立。假设市场上的总投资者人数为 N，则：

$$P^*_t = \frac{\sum_i \hat{E}_{i,t}[p_{t+1}] - \lambda^{\sigma} S + N\overline{y}}{(1+r)N} \tag{1.9}$$

令投资者在 $t-1$ 时期的超额收益率 $u_{i,t-1} = A_{i,t-1}[P_{t-1} + y_{t-1} - (1+r)P_{t-2}]$，令 u_{t-1}^1、u_{t-1}^2 分别代表理性套利者和过度自信投资者在 $t-1$ 期平均

超额收益，U为投资者投资策略的选择密度，c为理性投资者的信息搜寻成本，则投资者i在t期中选择理性投资策略的人数比例为：

$$n_t^1 = \frac{\exp[U(u_{t-1}^1 - c)]}{\exp(U(u_{t-1}^1 - c)) + \exp(Uu_{t-1}^2)} \qquad (1.10)$$

投资者i选择过度自信投资策略的人数比例为$n_t^2 = 1 - n_t^1$。投资者i在t时期持有的股票数量由式（1.8）得出。当$P_t = P_t^*$，且P_t^*足够大时，市场存在卖空，投资者i在t时期持有的股票数量为负。在存在卖空限制的情形下，假设存在$\overline{A} \geq 0$，则有$A_{i,t} \geq -\overline{A}$。$\overline{A}$的值越小，则卖空限制越严格。$\overline{A} = 0$时为禁止卖空，$\overline{A} = +\infty$时为允许卖空且卖空量不受限制。

（1）当市场存在卖空限制时，投资者i在t期的股票需求量为：

$$A_{i,t} = \max\{-\overline{A}, \frac{E_{i,t}[P_{t+1}] - (1+r)P_t + \overline{y}}{\lambda^\sigma}\} \qquad (1.11)$$

根据市场出清的假设，令$\overline{S}$为市场人均股票外部供给量，则有$\overline{S} = \dfrac{S}{N}$，进一步推导为：

$$\overline{S} = n_t^1 \max\left\{-\overline{A} \frac{P^i + v\left(P_{t-1} - P^i\right) - (1+r)P_t + \overline{y}}{\lambda^\sigma}\right\} +$$

$$n_t^2 \max\left\{-\overline{A} \frac{P_{t-1} + g\left(P_{t-1} - P_{t-2}\right) - (1+r)P_t + \overline{y}}{\lambda^\sigma}\right\}$$

$$n_t^1 = \frac{\exp\left(U\left(u_{t-1}^1 - c\right)\right)}{\exp\left(U\left(u_{t-1}^1 - c\right)\right) + \exp\left(Uu_{t-1}^2\right)} \qquad (1.12)$$

其中，

$$u_{t-1}^{1}=\max\{-\overline{A},\frac{P^{i}+v(P_{t-2}-P^{i}\ -(1+r)P_{t-1}+\overline{y}}{\lambda^{\sigma}}\}\times\{P_{t-1}+d_{t-1}-(1+r)P_{t-2}\} \tag{1.13}$$

$$u_{t-1}^{2}=\max\{-\overline{A},\frac{P_{t-2}+g(P_{t-2}-P_{t-3}\ -(1+r)P_{t-1}+\overline{y}}{\lambda^{\sigma}}\}\times\{P_{t-1}+d_{t-1}-(1+r)P_{t-2}\} \tag{1.14}$$

令：

$$P_{0}=\frac{1}{1+r}\left[n_{t}^{1}\left(P^{i}+v\left(P_{t-1}-P^{i}\right)\right)+n_{t}^{2}\left(P_{t-1}+g\left(P_{t-1}-P_{t-2}\right)\right)-\lambda^{\sigma}\overline{S}+\overline{y}\right] \tag{1.15}$$

$$P_{1}=\frac{P^{i}+v(P_{t-1}-P^{i}\ +\overline{y}+\lambda^{\sigma}\overline{A}}{1+r} \tag{1.16}$$

$$P_{2}=\frac{P_{t-1}+g(P_{t-1}-P_{t-2}\ +\overline{y}+\lambda^{\sigma}\overline{A}}{1+r} \tag{1.17}$$

对式（1.15）（1.16）（1.17）进行简化，则得出市场存在卖空限制的股票价格动力学模型：

$$P_{t}=\begin{cases}P_{o}+X_{t}, & P_{0}\leqslant P_{1}\text{且}P_{0}\leqslant P_{2}\\ \frac{1}{(1+r)n_{t}^{1}}[n_{t}^{1}(P^{i}+v(P_{t-1}-P^{i})\ +\overline{y})-\lambda^{\sigma}n_{t}^{2}\overline{A}-\lambda^{\sigma}\overline{S}]+X_{t}, & P_{2}\leqslant P_{0}\leqslant P_{1}\\ \frac{1}{(1+r)(n_{t}^{2})}[n_{t}^{2}(P_{t-1}+g(P_{t-1}-P_{t-2})\ +\overline{y})-\lambda^{\sigma}n_{t}^{1}\overline{A}-\lambda^{\sigma}\overline{S}]+X_{t}, & P_{1}\leqslant P_{0}\leqslant P_{2}\end{cases} \tag{1.18}$$

其中：X_t 为服从正态分布的随机扰动。

（2）若市场允许卖空，则 $\overline{A}=+\infty$。投资者i在t期的股票

需求量为：

$$A_{i,\ t} = \frac{E_{i,t}[P_{t+1}] - (1+r)P_t + \overline{y}}{\lambda^{\sigma}} \qquad (1.19)$$

此时，在市场出清的前提下，根据总需求等于总供给，求得均衡价格：

$$
\begin{aligned}
P_t^* &= \frac{1}{1+r}\left(n_t^1 E_t^1\left[P_{t+1}\right] + n_t^2 E_t^2\left[P_{t+1}\right] - \lambda^{\sigma}\overline{S} + \overline{y}\right)\\
&= \frac{1}{1+r}\left[n_t^1\left(P^i + v\left(P_{t-1} - P^i\right) + \overline{y}\right) + n_t^2\left(P_{t-1} + g\left(P_{t-1} - P_{t-2}\right)\right) - \lambda^{\sigma}\overline{S} + \overline{y}\right]
\end{aligned}
$$

$$(1.20)$$

市场允许卖空情形下的股票价格系统动力学模型为：

$$P_t = \frac{1}{1+r}\left[n_t^1\left(P^i + v\left(P_{t-1} - P^i\right) + \overline{y}\right) + n_t^2\left(P_{t-1} + g\left(P_{t-1} - P_{t-2}\right)\right) - \lambda^{\sigma}\overline{S} + \overline{y}\right] + X_t$$

$$(1.21)$$

根据该模型，可以看出无论是在卖空约束还是在允许卖空的市场，模拟市场中股票价格的形成均受到市场上过度自信投资者的比例以及过度自信程度的影响。具体的影响机制，还需要进一步的研究。

（三）交易机制设置

市场交易机制的关键功能在于如何将投资者的潜在供求关系向已实现的交易进行转变，并由此形成市场价格。在现实的股票市场中，存在两类市场交易机制：做市商市场和订单驱动市场。本书建立订单驱动市场的仿真股票交易市场，用订单簿代替原本ModelSwarm模型中分析专家的作用。当交易者进入市场时，可以提交任意数量的买卖指令，然后市场会按照"价格优先、时间优先"的原则对这些市场指令进行匹配。新进入系统的报单会与对手订单簿进行比价，然后依次选择订单簿中的订单进行比价。当新订单中的报价优于订单簿中现有对手订单的价格时（买价≥卖价）即成交，成交价就是订单簿中现有的订单价格。依次比较后，如果在新订单中仍未成交的报单，则以同样的原则放入订单簿中等待成交。在时间t内，股票价格将按以下规则生成：①如果市场中有交易，则股票价格就等于交易的价格；②如果没有交易产生，当订单簿为空时，则t时刻的股票价格就等于它前一期$t-1$时刻的价格；③当订单簿不为空时，股票价格就是最高买价与最低卖价的平均值。

1.模型中投资者的交易策略

在禁止卖空的情况下，因为投资者无法进行融券，所以投资者持有的股票数量应大于0。如果投资者提交的是买单，投资者现有的持股量$A_{i,t}$大于或等于其最优持股量$x_{i,t}$时，投资者不会再继续购买股票，如果$A_{i,t}<x_{i,t}$时，则该投资者期望购买的股票数量就是：

$$S_i^b = x_{i,t} - A_{i,t} \tag{1.22}$$

当然，投资者所提交买单的数量还要受其自身的现金C_t^i的限制，即一旦投资者的现金不足以购买S_i^b数量的股票，那投资者就只能提交数量为$C_t^i \big/ P_t$的买单。如果投资者的现金比较充裕，就可以提交数量为S_i^b的买单。

同理，如果投资者提交的是卖单，当其现有持股量小于最优持股量时，该投资者不会再卖出股票。当投资者现有的持股量大于其最佳持股量时，该投资者期望卖出的股票数量为：

$$S_i^s = A_{i,t} - x_{i,t} \tag{1.23}$$

此时，因为没有卖空机制，所以投资者卖出的股票数量将会小于其现在所持有的股票数量，因而当 $S_i^s \leqslant A_{i,t}$（$x_{i,t} \geqslant 0$）时，投资者所提交的股票卖出数量为 S_i^s。反之，卖出数量为 $A_{i,t}$。

当引入卖空机制后，因为投资者可以进行融券，所以投资者持有的股票数量可以小于0，即理论上来说投资者持有的股票数量不存在数值上的限制。但在事实上，还是要受到现金的约束。当投资者提交的是买单时，同式（1.22）情况一致。当投资者提交的是卖单时，因为市场存在融券制度，投资者可以向市场进行融券交易，所以投资者提交的股票卖出数量就是 S_i^s。

2.订单簿的成交过程

如果投资者提交的是买单，订单的数量为 S_i^b，其订单价格为 P_i^b。若此时市场上的最优卖单（即最低卖价）的价格 $P_s > P_i^b$，就将该投资者所提交的买单加入到限价买单簿中去；若 $p_s \leqslant p_i^b$，则投资者与最优卖单成交。之后，如果还有剩余的买单没有成交，就继续与下一个最优卖单进行比较，直至该投资者的买单全部成交或者满足 $P_s > P_i^b$。

同理，如果投资者提交的是卖单，订单数量为 S_i^s，其订单价格为 P_i^s。若此时市场上的最优买单（即最高买价）的价格 $P_b < P_i^s$，就将该投资者所提交的卖单加入限价卖单簿中；若 $P_b \geqslant P_i^s$，则投资者与最优买单成交，之后如果还有剩余数量的卖单为完成交易，就继续与下一个最优买单进行比较，直至该投资者的卖单全部成交或者满足 $P_b < P_i^s$。如表1-4所示。

表1-4 投资者订单提交策略

持有量	报价关系	订单类型	订单量
$x_{i,t} > A_{i,t}$	$P_i^b \geq P_s$	市价买单	$x_{i,t} - A_{i,t}$
$x_{i,t} > A_{i,t}$	$P_i^b < P_s$	限价买单	$x_{i,t} - A_{i,t}$
$x_{i,t} = A_{i,t}$		不提交订单	
$x_{i,t} < A_{i,t}$	$P_i^s \leq P_b$	市价卖单	$A_{i,t} - x_{i,t}$
$x_{i,t} < A_{i,t}$	$P_i^s > P_b$	限价卖单	$A_{i,t} - x_{i,t}$

（四）模型中事件顺序与程序运行流程

模型中事件发生的顺序以及运行的基本流程如下。

Step1：定义初始参数以及变量。

Step2：初始化主体投资决策。

Step3：在t期，投资者搜集当前市场信息（包括历史的价格信息和股利信息），形成新一轮的投资规则（$\hat{E}_{i,t}[p_{t+1} + d_{t+1}]$以及股价方差$\sigma$）。基于式（1.9）选择新的投资组合，产生新的交易活动。

Step4：订单簿搜集并统计投资信息，进行市场出清，得到新的一期$t+1$期的股票价格P_{t+1}。

Step5：主体根据新的一期的股利d_{t+1}，产生新的预测规则集。

Step6：以上活动形成一个环路，周而复始，推动人工市场的运作。

（五）本章小结

本章主要对我们所构建的计算实验模型的各个模块进行了设置。包括模拟市场中股票价格的设置，模型中投资者决策规则的确定，用订单簿替代了圣塔菲ASM模型中的分析专家的作用。我们将模型中的投资者主要分为理性套利者和过度自信投资者这两类，并对这两类投资者赋予不同的决策规则。然后根据模型中的参数构建了包含卖空机制的股票价格系统动力学模型，为研究投资者的过度自信对股票市场的影响提供理论模型支撑。最后对模型中事件发生的顺序和程序运行流程进行了梳理。

四、实验结果与分析

（一）模型中一些重要参数的设置

依据上一节的各个模块的设计，参考Arthur等（1997）的研究成果，在仿真程序开始前，首先对模型中的一些重要参数进行设置。表1-5是一些重要参数的设置。部分参数的选取是考虑模型运行的效率，如市场中投资者的个数以及仿真周期。也有一些是以现实中股市作为标准来进行设置。

表1-5　一些重要参数设置

编号	参数名称	模拟赋值
1	投资者　Agent N	100
2	仿真周期　T	3000
3	无风险收益率　r	0.1
4	模型初始时，交易者所持现金　IntialCash	1000
5	交易者最少持有的股票量	0
6	交易者最少持有的现金量	0
7	最大股息　MaxDividend	100

编号	参数名称	模拟赋值
8	最小股息 MinDividend	0.00001
9	股息的波动幅度	0.02728
10	人工市场上股票最低价格	0.001
11	风险厌恶系数 λ	0.3
12	股票的内在价值P_i	100
13	惯性系数 β	0.95
14	价格预期权衡 α	U（0，1）
15	预测方差 σ	10
16	理性套利者的收敛速度 ν	0.1
17	过度自信投资者的价格外推系数 g	0.5
18	初始理性套利者人数	50
19	初始过度自信投资者人数	50
20	执行遗传算法的频率	100
21	更新规则时的权重系数	75
22	最小报价单位	0.01
23	涨跌幅	0.1

（二）实验运行界面

本书所建的模型是基于SFI-ASM的Swarm-2.4版本。模型的运行操作系统为Windows XP。采用面向对象的Java语言进行编程。Swarm仿真程序控制界面如图1-4所示，通过控制界面，可以控制仿真程序的开始、停止和结束等操作，也可以直接对相关参数进行设置。然后模型会生成如图1-5和图1-6所示的实验结果。

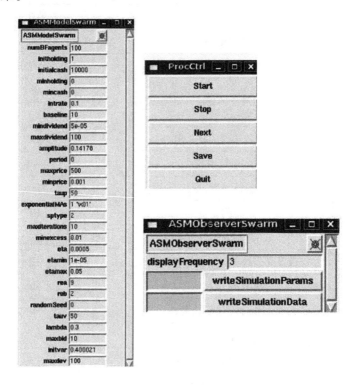

图1-4　仿真程序控制界面

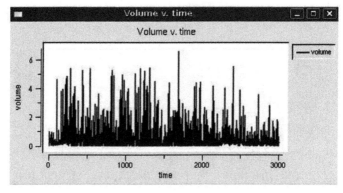

图1-5　仿真程序实时成交量

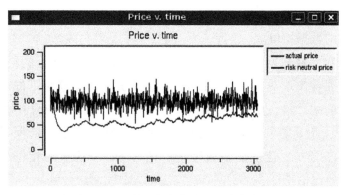

图1-6 仿真程序成交价格和基本价值

图1-5和图1-6分别为系统模拟运行3000个周期之后，股市价格与风险中性价格的对比图和成交量图。通过图1-5可以查看整个模拟周期中每个仿真时刻股票的成交数量，其中成交数量是买、卖股票数的总和。Swarm平台的优势之一就是有一个强大的图形用户界面（GUI），它可以很直观地生成一些图形界面。当我们改变模型中的相关参数时，这些图形界面就会发生相应的变化，从而使我们很直观地感受到这种变化。

（三）模型有效性的检验

与现实中的股票市场相比，计算实验所构建的人工股票市场能使学者更加专注于所研究的对象，从而摒弃外界因素的干扰，但伴随而来的问题是，人工股票市场相比于现实股市更为简易、理想化。现实股票市场中的各种真实数据并不容易完全获取，而且人工股市模型中图形化的输出结果虽然能形象展示相关仿真数据，但随着模型运行周期的增加，一些图形以及其保存的数据会受到相应的格式和内存的限制。因而，我们将相应的仿真数据存储到相应的文件中并提取出来加以分析。我们通过衡量人工股票市场生成的一些统计特征来判断是否与真实市场的数据相似。

我们将初始参数运行3000个周期，提取实验运行的结果，并对收益率取对数。利用Eviews软件得到了基本模型下的对数收益的统计量，如图1-7所示。其中峰度和偏度分别为9.735和1.328，均显著大于0，也就是说模型中的股票收益分布明显偏离正态分布，与现实金融市场一样具有非常明显的相符的尖峰、厚尾的特征。

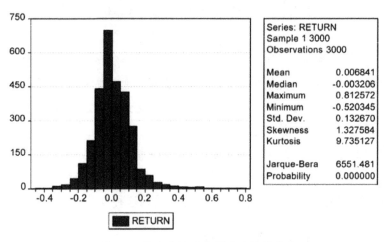

图1-7　仿真市场股票收益的统计结果

为了验证模拟市场股票收益时间序列是否具有同真实股票市场一样的聚集性特征，本书采用GARCH（1，1）模型对模拟股票市场中的收益时间序列进行了检验。图1-8为仿真市场股票收益的时间序列。

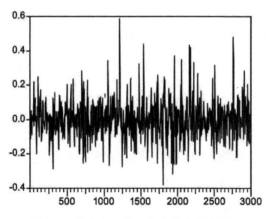

图1-8　仿真市场股票收益的时间序列图

通过观察可以发现，收益率时间序列呈现出明显的波动集聚特征。GARCH模型中ARCH项的系数 α 的值为0.127，P值为0；GARCH 项系数 β 为0.835，P 值为0。另外，ARCH项和GARCH 项系数 $\alpha+\beta$ 之和为0.962，小于1，因此GARCH（1，1）过程是平稳的。这表明模拟收益率序列具有显著的GARCH效应，这也表明我们所构造的仿真股票市场能够得出与现实股票市场类似的尖峰、厚尾的非正态分布，具有典型的波动集聚性，是一个比较理想的实验平台。为今后的研究提供了良好的支撑。

（四）投资者过度自信对股票定价影响的计算实验分析

计算实验的方法可以直接对研究对象的相关变量进行设置，使我们更加专心于探讨相关变量的变化所带来的不同结果，保证了实验环境的"纯粹性"，从而可以避免现实股市中其他因素的干扰。通过对人工股票市场参数的设置，我们可以获得特定的市场条件。比如，我们可以在保持其他参数不变的情况下，只改变投资者的过度自信程度g，通过对比分析不同的过度自信程度来研究投资者过度自信程度的变化对整个市场的影响。

1.投资者过度自信对市场波动性的影响

作为一种非理性因素，投资者的过度自信会给整个金融市场带来很大的影响。以往的理论研究中只能通过对单一变量的变化来进行数理研究，如只通过改变过度自信程度的大小来进行相关研究说明。计算实验的优势就在于可以改变多个参数，来研究这些参数的整体变化以及交互作用对整个市场的影响。为了研究投资者过度自信对于波动性的影响，我们从投资者的过度自信程度和市场中过度自信投资者的人数两方面着手，利用股票收益率的标准差来作为衡量市场波动的指标，进行了两组不同的仿真实验研究。

（1）固定其他参数保持不变，通过改变投资者过度自信的程度，研究市场中投资者过度自信程度的变化所带来的市场波动的变化。

（2）固定其他参数保持不变，通过改变过度自信投资者的比例，研究市场中过度自信人数的变化所带来的市场波动的变化。

在这两组实验中，固定市场中所有投资者的总数和保持其他参数不变，通过改变投资者的过度自信程度和过度自信人数来构造出不同的市场环境。我们分别设置过度自信投资者的比例分别为0%，25%，50%，100%四种不同的投资者结构，同时在每种投资者结构计下，设置过度自信投资者的过度自信程度g为0.5，1，1.5这三种不同的过度自信市场结构，因此不同的投资者结构和市场结构共形成12种不同的组合，即12种不同的市场环境。然后，我们在对这12组组合进行研究时，加入卖空机制的影响，分别考虑有卖空机制和无卖空机制两种情形，最后对这24种组合的收益率标准差进行综合，结果如表1-6、表1-7所示（采用的是百分制）：其中表1-6为无卖空机制时的仿真市场收益率标准差，表1-7为有卖空机制时的仿真市场收益率标准差。

表1-6　无卖空机制时的仿真市场收益率标准差

过度自信程度	过度自信投资者比例			
	0%	25%	50%	100%
0.5	1.065	1.162	1.286	1.552
1	1.106	1.217	1.536	1.878
1.5	1.124	1.336	1.689	2.123

表1-7　有卖空机制的仿真市场收益率标准差

过度自信程度	过度自信投资者比例			
	0%	25%	50%	100%
0.5	0.843	0.985	1.253	1.729
1	0.906	1.037	1.714	2.092
1.5	0.891	1.215	2.187	2.518

从表1-6、表1-7中我们可以看出，在不考虑投资者过度自信程度的情况下，随着市场中过度自信投资者占比的增加，从都是理性套利者到全部是过度自信的投资者，股票收益率的标准差在不断增加。尤其是当市场中过度自信投资者的占比已经偏高（50%）时，如果再继续增加市场中过度自信投资者的人数将会给市场带来更大的波动。同样，当我们固定市场中过度

自信投资者的比例时，会发现随着这些过度自信投资者的过度自信程度的增加，收益率的标准差也在不断增加。因而，我们得出投资者的过度自信程度和市场中过度自信投资者的占比大小会对市场波动产生正向的影响。

结合表1-6和表1-7，我们发现：当市场中过度自信的投资者人数较少甚至为0时，卖空机制的引入会降低市场的波动性，可以认为卖空机制发挥了稳定市场波动的作用。这与现实市场中卖空机制本应发挥的作用相似。然而，当市场中过度自信的投资者占比增加以及过度自信程度增强时，市场会异常波动，而且波动幅度比不存在卖空机制的市场更大，这从侧面说明投资者的过度自信会在特定情况下影响到卖空机制作用的发挥，这也在一定程度上解释了2015年我国股市在推出"双融制度"后依然存在大幅度的暴涨暴跌现象。

2.投资者过度自信对市场流动性的影响

股市流动性体现的是股票持有者按股票的价值或接近其价值出售的难易程度。本书将采用换手率来作为衡量个股的流动性的指标，换手率高一般意味着股票流通性较好、进出市场相对比较容易，具有较强的变现能力。投资者不会出现想购买股票时无处购买，想卖出股票时却无法脱手的情况。换手率是某一段时间内成交量与发行总股数的百分比。参照上节的实验设置，我们也建立了24组实验组合，对模拟市场上所有主体的成交量求和并取平均值，实验结果汇总如下：表1-8为无卖空机制的换手率比较、表1-9为有卖空机制的换手率比较。

表1-8 无卖空机制的换手率比较

过度自信程度	过度自信投资者比例			
	0%	25%	50%	100%
0.5	2.1417	2.3028	2.2724	2.4923
1	2.1392	2.2416	2.3665	2.8892
1.5	2.1502	2.3509	2.6504	3.1840

表1-9 有卖空机制的换手率比较

过度自信程度	过度自信投资者比例			
	0%	25%	50%	100%
0.5	2.3052	2.5164	2.6018	2.6637
1	2.3116	2.4307	2.5260	2.9908
1.5	2.3192	2.6472	3.1236	3.5371

结果发现，当市场上都是理性套利者时，换手率变化不大。此类投资者更多的是采取稳健、保守的心态，以理性投资为主。而随着市场上过度自信投资者的比例增多以及过度自信程度增强，市场换手率也会随之升高。这可能是因为与理性投资者相比，过度自信的投资者更相信自己的判断，认可自己的投资决策，更愿意"采取行动"而不是"坐地观望"。

在允许卖空的市场中，即使是在不存在过度自信投资者的市场，换手率也会提升。这可能是因为原本"看空"市场却没有股票的投资者，在不存在卖空机制的市场中只能继续观望，而不能通过融券制度，参与到股票交易中去。但当市场中存在卖空机制时，他们就能够参与市场交易，这无疑增加了市场的流动性。随着过度自信投资者人数以及过度自信程度的增加，换手率增加幅度十分明显。有了卖空机制后，过度自信的投资者往往会采取更为激进的投资策略，选择那些他们认为会上涨但自己资金无法购买的股票。这在一定程度上印证了现实中我国股市成交量大、换手率高的事实。也证明了卖空机制的引入使没有股票的投资者也能参与到市场活动中去，从而增加了市场的流动性。

3.不同市场类型下的投资者过度自信对股票市场的影响

前面的研究是把投资者的人数固定在100，但不同的投资者规模会对股市的波动性产生影响吗？我们将其他参数保持不变，通过改变市场中投资者的个数来构造不同的市场环境。我们定义投资者总数为20和50的市场为过度悲观的市场以模拟现实股票市场中的熊市状态，定义投资者人数为200和500的市场为过度自信的市场以此模拟现实股票市场中的牛市状态。在过度悲观的市场中，我们把过度自信程度取值为0.5并保持不变，在过度自信的市场中，我们把投资者的过度自信程度取值为1.5并保持不变。在这两种市场中，我们通过调整过度自信投资者的占比来研究不同市场类型下投资者的过度自信对股市流动性和波动性的影响。结果汇总如下：其中表1-10为不同市场类型下的股票收益率标准差，表1-11为不同市场类型下的换手率。

表1-10　不同市场类型下的股票收益率标准差

市场类型	投资者总数	过度自信投资者比例			
		0%	25%	50%	100%
过度悲观市场	20	0.614	0.705	0.832	1.189
	50	0.862	1.037	1.117	1.202
过度自信程度	200	1.391	2.522	2.676	3.761
	500	3.248	3.849	5.172	5.875

表1-11 不同市场类型下的换手率

市场类型	投资者总数	过度自信投资者比例			
		0%	25%	50%	100%
过度悲观市场	20	1.6501	1.8243	1.9364	2.0194
	50	2.0137	2.1638	2.1924	2.2271
过度自信程度	200	2.4355	2.8662	3.2436	4.5428
	500	2.8210	3.1644	3.8136	5.2471

通过实验结果，我们可以发现，随着市场上投资者总数的增加，股票收益率标准差也在不断增加，这可能是因为当市场中有更多的投资者时，使得投资者更加注重自己的短期投资收益，从而忽略长期投资收益。因而导致他们改变自己的投资策略，更频繁地参与到市场交易当中去，从而加大了市场的波动，也可能是因为当市场上的投资者增加时，产生了更为显著的羊群效应。在过度悲观的市场中，随着市场中过度自信投资者比例的增加，收益率标准差与换手率增幅都比较小。而在过度自信的市场中，过度自信的投资者比例的增多会引起收益率标准差和换手率的大幅增加。这从侧面解释了现实中我国股市在2015年的情况。自2015年1月起，我国股市一度高歌猛涨，历经5个半月攀上5178点的峰值。在这个牛市期间，大量新的投资者涌入，这些新的投资者大都缺乏股票投资经验和搜集相关信息的能力，却很容易过度自信。当股票市场处于上涨阶段时，他们所持有的账面收益也会随之增长，但他们将之归功于自己的投资能力，存在很强的过度自信心理偏好。他们"积极"地参与到市场交易中去。然而，当市场陷入熊市时，原先富有激情的投资者会选择"割肉"离场，而众多投资者黯然离场的结果就是使股市不断下跌，重新回归价值、趋于平稳。当

时的大盘曾一度跌破2900点，时至今日仍在3000点左右徘徊。这种情形在某种程度上又验证了那些在熊市中因为看空市场而选择离场的投资者投资决策的正确性，会使他们更加高估自己所掌握的利空消息的准确性和投资决策能力。由此可见，投资者的过度自信无论是在牛市中还是在熊市中都会对市场定价产生影响。

（五）小结

首先对仿真模型的相关参数、Swarm平台的运行界面进行了说明和介绍，然后对所构建的人工股票市场模型环境进行了有效性分析，发现仿真模型中的收益率具有与现实股票市场相同的尖峰、厚尾和波动集聚现象，这为接下来的研究提供了一个好的基础平台。

我们保持模型中其他参数不变，通过改变过度自信的程度和过度自信投资者的比例，来研究过度自信对股票市场流动性和波动性的影响。我们将过度自信程度分别取值为0.5，1和1.5三种，过度自信投资者的比例分为0%，25%，50%和100%四种，进行了12组实验。每组实验又分别在有卖空机制和无卖空机制的环境下运行。对实验结果进行统计发现，当市场上投资者的过度自信程度以及过度自信投资者的比例较少时，卖空机制能发挥出相应地降低股价波动的作用。但随着市场上过度自信投资者人数的增加以及过度自信程度的增强，卖空机制反而加剧了市场波动性和市场的流动性。最后，我们构建了两类投资者市场：过度悲观的市场和过度自信的市场，以此模拟现实中的牛市和熊市状态。发现投资者的过度自信在牛市中有助涨的作用，在熊市中又有助跌的作用。

五、总结与展望

（一）结论

在2015年前后我国股市中融资融券失效、股价暴涨暴跌的背景下，本部分以行为金融理论为基础，从投资者的过度自信角度出发，来探究股票市场上的定价效率问题。本部分采用计算实验的方法，建立了一个基于主体、具有卖空机制的人工股票市场模型。假设模型中只有一只股票和无风险债券，不产生其他相关交易费用。在模型中，我们把市场中的投资者分为两类：理性套利者和过度自信投资者，两类投资者拥有相同的效用函数和不同的价格预期函数，接着对引入卖空条件后的交易机制进行了设置。结合现实中股市的数据，我们对模型中的参数进行初始赋值并对模型的有效性进行了检验。发现模拟市场与现实市场一样，收益率具有尖峰、厚尾和波动集聚的特性。

在过度自信与股票定价的研究问题上，我们通过设置不同过度自信投资者的人数以及过度自信程度，利用实验产生的丰富数据，以投资者收益率标准差和换手率为指标，从波动性和流动性两方面进行了分析研究，结论如下。

（1）对于不同过度自信投资者比例的市场环境，随着过度自信程度的不断增加，发现当市场中的过度自信投资者占比较少时，股票收益率的标准差增幅不明显，而当市场中过度自信投资者占比较大时，股票收益率的标准差在显著增加。

（2）对于不同过度自信程度的市场环境，随着不断增加过度自信投资者的比例，股票收益率的标准差均在显著增加。

（3）卖空机制在过度自信投资者较少的市场会发挥出其应有的稳定股价剧烈波动的效用。但在过度自信程度较高以及存在较多过度自信投资者的市场上，卖空机制的"稳定器"作用会被削弱。

（4）无论过度自信投资者的比例和过度自信程度如何设计，市场流动性均与其正相关。而且卖空机制的引入会增加市场的流动。

（5）投资者的过度自信会在牛市中加速股价的大幅上涨，加快股票交易。而在熊市中会造成市场低迷。这种助涨助跌行为可能是造成我国股市出现暴涨暴跌等异常波动的原因之一。

（二）政策建议

我国股市历经20多载，仍是一个茁壮成长的少年，但成长过程中的烦恼也避免不了。市场上各种金融异象频发，市场上非理性投资者占比过大，存在着很典型的过度自信现象和羊群效应，信息不对称和高换手率问题严重。2010年，融资融券制度的推出并没有改变股市"暴涨暴跌、同涨同跌"的问题。相比于国外成熟的市场，我国股票市场更多的是"政策市"和"投机市"。因此，建议如下。

（1）我国股票市场中，一些上市公司存在信息纰漏不规范、虚假信息和内幕交易等情况，信息传递的不规范和不通畅使投资者在获取信息后无法及时准确地做出判断，这就会造成投资者对私人信息的依赖性更高、极易产生过度自信心理。因此，证监会应加强信息披露，拓宽投资者获取信息的渠道，保质保量，使投资者获得信息的途径更加有效、有用。

（2）加强股市中投资者的投资决策和风险意识教育，倡导正确的价值观和投资理念，提高投资者的理性认知和判断能力，弱化投资者的投机心理。引领投资者理性投资、长期投资和价值投资，培养投资者形成合适的信心水平，尽量避免出现过度自信和过度悲观。

（3）大力培育机构投资者。机构投资者在信息获取和分析上有着个人投资者无可匹敌的优势。机构投资者相比于个人投资者更加理性、过度自信程度更小，而且国外成熟的市场经验也告诉我们，机构投资者在提高股票市场的专业化和规范化方面具有重要意义。

（三）进一步的研究方向

关于过度自信的研究：首先，目前对于过度自信的研究，无论是从理论方面还是从实证方面，相关研究成果已经十分丰富，但在实验方面，如何度量过度自信始终没有一个统一的标准，以后的学者可以进行相关方面的进一步的研究与论述，形成一个度量过度自信的标准。其次，本部分对个人投资者与机构投资者的决策并没有加以区分，国外的研究认为，机构投资者和个人投资者无论是在信息搜集方面还是在投资决策方面都有着明显的差异，也取得了一些研究成果。但国内在机构投资者对股票市场影响方面的研究还比较缺乏，相关文献有待进一步的补充与完善。

关于计算实验的研究：首先，本部分所构建的人工股票市场相对来说还比较简单。仅简单地将投资者分为两类，但现实中的投资者类型更加多元，而且不同类型投资者之间会发生相互作用、相互影响甚至投资策略之间发生相互转换。因而在后续的研究中，可以进行更加深入一些，探讨不同类型的投资者之间进行决策时的博弈关系。其次，本部分只是简单地假设市场中仅存在一只股票，在后续的研究中可以考虑多资产的情形，从而丰富投资者的投资组合。再次，目前关于计算实验的研究还处于不断发展的阶段，因而缺乏一种统一的评断标准。

最后，采用计算实验的方法研究复杂的金融问题，首要任务就是构建一个贴合本国实际特征的人工金融市场。然而现实中的金融市场却是一个开放的、不断地以一种非线性、自组织的方式进行演化的复杂自适应系统，而且目前的人工金融市场模型更多的是对现实的近似与模仿，一些现实市场中的制度由于技术水平等的限制在模型中很难加以实现或者与现实不太相符，因而，完善计算实验金融学的理论与方法，如何建立更贴近真实市场、更能反映市场本质的人工金融市场始终是以后计算实验研究的重点问题。

第二部分　融资融券机制、投资者过度自信与资产定价

一、引言

2010年3月31日，我国推出融资融券业务，为广大投资者提供了新的做空渠道。此后，融资融券业务历经了四次标的证券扩容和转融资业务启动，这一系列变化表明融资融券机制在我国不断成长和完善。决策层推出该机制固然是为了提高资产定价效率，减少金融市场波动。然而，2015年中国股市上演了"千股涨停、千股跌停、千股停牌"的股市动荡，在2014年11月大金融板块打响牛市"第一枪"之后，中国股市在2015年上半年迎来了快速上涨，股指迅速拉升至5178点，呈现泡沫倾向。而后，中国股市又经历了前所未有的暴跌，股指在两个月内下跌至2800点。

那么我们不禁要问，在存在融资融券机制的情况下，股市为何仍出现如此大的非理性上涨和暴跌？融资融券机制为何在中国市场上并没有发挥它应有的抑制股价波动，促进定价效率的作用？诚然，在融资融券机制背景下，2015年的股市暴涨暴跌与融资融券机制、杠杆配资和股指期货等密切相关。然而，

不可忽视的是投资者情绪对股市非理性涨跌的推波助澜作用（王晋忠，张志毅，2014）。在牛市号召下，投资者情绪高涨，高杠杆资金疯狂涌入，成为股市暴涨的源动力；而股市下跌时，投资者情绪低迷，资金争相逃离股市，成为股市暴跌的元凶。因此，有部分学者认为，有必要在资产价格定价中考虑投资者情绪因素，使资产定价更为合理（黄世达，王镇等，2015）。

由于传统金融理论认为投资者根据贝叶斯法则进行投资，而这对于融资融券机制下中国股市暴涨暴跌以及其他金融异象无法给出令人满意的解释。一些学者开始寻求其他领域的解释，其中，行为金融理论认为投资者决策受到各种非理性因素的影响，其中过度自信是投资者表现出来的心理偏差之一（王宜峰，王燕鸣，2014；陈炜等，2013；陈日清，2015）。因此，在融资融券机制大背景下，本书拟以2015年我国股市暴涨暴跌现象为切入点，研究投资者过度自信对于我国股票定价的影响问题，从行为金融视角解释我国2015年股市大动荡的非理性原因。首先基于数理模型推导我们提出本书研究假设和实证设计，其次通过误差修正模型验证投资者过度自信现象的存在，然后通过分组描述统计分析投资者过度自信程度的差异，最后通过面板模型实证分析融资融券机制、投资者过度自信对于股票定价的影响。这说明，投资者过度自信是股市暴涨暴跌的重要原因，而融资融券机制本身并未导致2015年的股市暴涨暴跌。由于投资者情绪对股市的助涨助跌大于融资融券机制平抑市场波动提高市场质量的作用，导致虽然我国政府和证监会不断推出各种救市措施应对2015年股灾，但是并没有阻止股市暴跌。

关于本部分的特色与创新，首先，在样本选择和模型方法上，本部分采用融资融券交易个股的面板数据，能够更加深刻地说明问题的本质。本部分选用了我国允许卖空的所有标的股作为研究对象，建立面板数据来研究过度自信对于股票定价有效性、流动性以及波动性的影响。其次，在研究视角上，本部分突破传统金融理论关于资产定价的结论，重点从过度自信这一非理性行为角度对于我国股票市场质量的影响进行解释，为从行为金融视角研究股票定价问题提供了新的研究成果。最后，在研究背景上，本部分考虑了我国实施了融资融券制度这个大背景，在2010年之前我国市场上不允许做空，而如今市场情况已经发生很大改变，市场允许卖空，制度日益完善，之前的研究可能就不再能够解释现如今的市场表现出来的异象了。所以，本部分重点研究允许卖空的标的股的市场表现，解释令人困惑的问题：如今融资融券机制已经实施了近10年的时间，为何我国股市仍然存在暴涨暴跌这种低质量现象。而这种现象可以用行为金融学中投资者的非理性行为解释。

二、文献综述

关于融资融券交易对股票定价效率影响的研究，目前的结论不尽相同。大部分学者认为，融资融券的双向交易机制能够平抑股市波动，降低市场波动性，提高流动性，并提高价格发现功能。Miller（1977）最早提出，存在卖空约束时，价格更多地反映了乐观者的观点，从而股价存在高估；一旦负面消息积累爆发，会加剧股价暴跌。Bai，Chang和Wang（2006）以及Hong和Stein（2003）分别采用理性预期模型和异质代理模型得出了上述类似的结论。Chang，Luo和Ren（2014）、廖士光

(2011) 和李科等 (2015) 研究中国股票市场后发现，融资融券交易能够提高市场流动性，降低了市场波动性。肖浩和孔爱国 (2014) 采用双重差分模型，发现融资融券业务减少了非信息效率因素导致的股价特质性波动。而部分学者则研究发现买空卖空行为对于资产定价效率和波动性的影响并不明确。Morris 和 Shin (1998) 指出，允许卖空导致的"皮格马利翁效应"不利于市场的稳定。廖世光等 (2005) 和许红伟、陈欣 (2012) 的研究表明，卖空机制对于抑制暴涨几乎没有影响。方立兵和肖斌卿 (2015) 发现，中国股市融资交易通道被"过度开采"，而融券交易通道则受到诸多约束未能发挥应有作用。还有部分研究认为，融资融券交易对于市场还有"助涨助跌"的作用。Bai 等 (2006) 认为，投资者会利用私人信息进行卖空等投机活动，扰乱市场秩序。陈淼鑫、郑振龙 (2008) 基于全球市场的研究发现，交易者的捕食交易策略和卖空交易会导致价格反应过度，股价波动加剧。

学者们试图从行为金融视角解释股价剧烈波动的现象。Barber 和 Odean (2000) 最早关注到投资者的过度自信会降低市场质量，破坏市场效率。Scheinkman 和 Xiong (2003)、张维 (2009) 等将异质信念归结为过度自信，认为过度自信是资产泡沫的重要原因。何诚颖等 (2014) 从股市反转效应角度构建信息质量模型，发现我国股市中期反转现象的重要原因是投资者的非持续性过度自信。张颖洁和张亚楠 (2010) 从流动性、市场深度、市场波动性、市场有效性等四个维度论证了中国投资者过度自信对市场质量的影响。陈其安、高国婷和陈慧 (2011) 建立数理模型推导出，个人投资者过度自信程度提高将降低股票市场价格质量，加大股价的波动幅度。江轩宇和许年行 (2015) 的研究发现，过度自信是导致股市崩盘和波动风险重要原因之一。

将融资融券交易、过度自信和资产定价综合起来的研究还不多。Hong和Stein（2003）认为，由于投资者异质，卖空约束市场上反映的都是过度自信投资者的信念，负面信息的积累诱发股市崩盘风险。古志辉（2011）的随机估值模型表明，卖空限制导致的定价偏差，进而导致定价泡沫，过度自信与泡沫水平负相关。梁立俊（2013）发现，在允许卖空的市场中理性投资者居多；而在卖空约束的市场中，投资者将退化为噪声交易者，从而导致股价异常波动。张宇飞和马明（2013）的研究发现，控制了意见分歧变量后，Miller模型得出预期特质性波动率与股票收益率呈负相关关系。巴曙松和朱虹（2016）认为，包含融资融券在内的投资者情绪加剧了市场的波动，而黄虹等人（2016）则持相反的观点。

综上所述，过度自信无论在理论上还是实证上均取得了丰富成果，并且对证券市场上的投资者行为以及金融异象做出了与传统金融理论不同的解释。关于融资融券交易、过度自信和资产定价三者关系方面的研究，国外的研究基本都是在允许卖空的市场下进行的。而中国的股市则不同，中国2010年才正式推出融资融券交易，市场存在或多或少的卖空约束，市场不尽合理，即使现在允许卖空了，但是由于交易成本及政策方面的限制，融资融券交易仍旧未能发挥应有的积极作用。另外，我国股票市场关于融资融券交易、投资者过度自信与股票定价三者之间关系方面的研究还比较匮乏，而现有文献所得的结论并不一致。我国证券市场的发展过程为我们创造了天然的研究样本和试验环境，并且2015年经历的暴涨暴跌（牛市、熊市和盘整市的完美展现）为本部分的研究主旨提供了鲜活的例子和良好的市场条件。

三、投资者过度自信与股票定价的理论模型

Gervais，Odean（2001）和Daniel等人（2001）的模型对投资者非理性情绪对于股市波动及股价高估的影响进行数学推导。陈其安、高国婷和陈慧（2011）也建立理论模型，分析了投资者过度自信心理偏好对股市风险影响的机理。我们借鉴上述模型，根据本部分研究问题与实证的需要，采取类似的前提假设与思路对投资者过度自信影响股票定价（如股票定价的有效性、波动性等）进行推衍，发掘出投资者过度自信影响股票定价的机理。

（一）理论模型的前提假设

在进行理论模型的构建和结论推导之前，我们做出如下假设。

（1）市场上仅有一种风险资产RS（如股票）和一种无风险资产FS（如国债，不考虑风险时国债利率为0）。市场上投资者数量众多（$N \to +\infty$），且单个投资者的股票投资数量相对整个证券市场需求无足轻重，单个投资者不会对价格产生决定性作用。$t=1$，2，3时，股票市场可以提供的人均股票供给量分别为$\overline{RS_1}$、$\overline{RS_2}$、$\overline{RS_3}$。

（2）考虑到后面要用到不同时期之间的协方差计算，我们假设投资者的投资分三个阶段（$t=1$，2，3）进行，这三个阶段除了投资股票或债券会产生现金流出外，不发生其他活动导致的现金流出，本期投资所需资金来源前一期投资在本期出售带来的现金流入，$t=4$时为投资收回阶段，每单位无风险资产现金流入为1，每股股票的现金流入为$\tilde{v}$，且服从正态分布：

$\tilde{V} \sim N(\bar{V}, \sigma_{\bar{V}}^2)$。投资者的交易过程如表2-1所示。当$t=1$，2，3，4时，财富值分别为：$W_{ti} = \text{FS}_{ti} + P_t \cdot \text{RS}_{ti}$（$t=1$，2，3时），$W_{4i} = \text{FS}_{3i} + \tilde{V} \cdot \text{RS}_{3i}$（$t=4$）。

表2-1　投资者交易过程

阶段	$t=0$	$t=1$	$t=2$	$t=3$	$t=4$
股价	P_0	P_1	P_2	P_3	$\tilde{V}$
财富值	W_{0i}	W_{1i}	W_{2i}	W_{3i}	W_{4i}
无风险资产需求量	FS_{0i}	FS_{1i}	FS_{2i}	FS_{3i}	
风险资产需求量	RS_{0i}	RS_{1i}	RS_{2i}	RS_{3i}	

（3）假设在$t=1$之前，所有投资者均未获得与最终价值$\tilde{V}$相关的信息；而在$t=2$和$t=3$之前，所有投资者均能获取与最终价值$\tilde{V}$相关的如下信息：$\tilde{I}_t = \tilde{V} + \tilde{e}_t$（$t=2$，3时）。其中，$\tilde{e}_t \sim N\left(0, \sigma_{\tilde{e}}^2\right)$是一个关于$t=4$时股价的噪声信息，且$\tilde{V}$，$\tilde{e}_2$，$\tilde{e}_3$相互独立。$\tilde{e}_t$可以看成投资者接收信息的精确程度，$\tilde{e}_t = 0$时，投资者接收到的是与风险资产期末现金流（$t=4$时的股价）不存在偏差的信息。由此可知，投资者在$t=2$，3时可用信息集分别为：$\{\emptyset\}$，$\{\tilde{I}_2\}$，$\{\tilde{I}_2, \tilde{I}_3\}$。

（4）当投资者i高估自己获得的信息精确度时，即投资者的信息精确度为$k\sigma_{\tilde{e}}^2$，其中$0 \leqslant k \leqslant 1$（$k$视作过度自信系数，$k$越小，投资者越高估自己的信息精确度，过度自信程度越高），此时，投资者的信息精确度服从分布$\tilde{e}_{ti} \sim N\left(0, k\sigma_{\tilde{e}}^2\right)$。

（5）每个投资者i都是风险厌恶的，在t时刻的效用函数为$U\left(W_{ti}\right) = -e^{-\alpha w_{ti}}$，其中$\alpha$为风险厌恶系数。于是，在已知信息集的条件下，交易决策问题即为$t+1$时刻效用最大化问题，约束条件有两个，一是资金约束（t期投资所需资金来源于$t-1$期的

投资者过度自信与股票定价研究

投资在本期出售带来的现金流入）；二是个人投资者i在期末$t+1$时的期末财富总价值。

当$t=3$时，上述交易决策问题为：

$$\max_{RS_{3i}} E(-e^{-\alpha w_{4,i}}) \tag{2.1}$$

$$\text{s.t. } P_3 \cdot RS_{3i} + FS_{3i} = P_3 \cdot RS_{2,i} + FS_{2,i} \tag{2.2}$$

$$W_{4i} = FS_{3i} + \tilde{V} \cdot RS_{3i} \tag{2.3}$$

在正态分布假设条件下，有：

$$E(-e^{-aw_{4,i}}) = -e^{-a \cdot FS_{3i}} \cdot E\left(e^{-a \cdot \tilde{V} \cdot RS_{3i}}\right)$$

$$= -e^{-a \cdot FS_{3i}} \cdot e^{-a \cdot RS_{3i} \cdot E(\tilde{V}) + \frac{1}{2}a^2 \cdot FS_{3i}^2 \cdot VaR(\tilde{V})} \tag{2.4}$$

上式对RS_{3i}求导，并根据投影定理及前述假设条件，可得RS_{3i}最优持有量，其中$E(\tilde{V})$、$VaR(\tilde{V})$分别为投资者在已知信息集的条件下，风险资产期末价值$\tilde{V}$的期望值和方差。

$$RS_{3i} = \frac{\frac{k\sigma_{\tilde{e}}^2 \cdot \overline{V} + \sigma_{\tilde{V}}^2\left(\tilde{I}_2 + \tilde{I}_1\right)}{k\sigma_{\tilde{e}}^2 + 2\sigma_{\tilde{V}}^2} - P_3}{\alpha \cdot \frac{k\sigma_{\tilde{e}}^2 \cdot \sigma_{\tilde{V}}^2}{k\sigma_{\tilde{e}}^2 + 2\sigma_{\tilde{V}}^2}} \tag{2.5}$$

由于供需均衡状态下，$\sum_{i=1}^{N} RS_{3i} = N \cdot \overline{RS_3}$，所以：

$$P_3 = \frac{k\sigma_{\tilde{e}}^2 \overline{V} - \alpha k\sigma_{\tilde{e}}^2 \sigma_{\tilde{V}}^2 \cdot \overline{RS_3}}{k\sigma_{\tilde{e}}^2 + 2\sigma_{\tilde{V}}^2} + \frac{\sigma_{\tilde{V}}^2}{k\sigma_{\tilde{e}}^2 + 2\sigma_{\tilde{V}}^2}\left(\tilde{I}_2 + \tilde{I}_3\right) \tag{2.6}$$

同理可得：

$$P_2 = \frac{\left(k\sigma_{\tilde{e}}^2 + 2\sigma_{\tilde{V}}^2\right)\overline{V} - \alpha k\sigma_{\tilde{e}}^2 \sigma_{\tilde{V}}^2 \cdot \overline{RS}_3 - 2\alpha\sigma_{\tilde{V}}^4 \overline{RS}_2}{k\sigma_{\tilde{e}}^2 + 2\sigma_{\tilde{V}}^2} - \frac{\sigma_{\tilde{V}}^2\left(\overline{V} - \alpha\sigma_{\tilde{V}}^2 \overline{RS}_2\right)}{k\sigma_{\tilde{e}}^2 + \sigma_{\tilde{V}}^2} + \frac{\sigma_{\tilde{V}}^2}{k\sigma_{\tilde{e}}^2 + \sigma_{\tilde{V}}^2}\tilde{I}_2$$

$$(2.7)$$

$$P_1 = \frac{\left(k\sigma_{\tilde{e}}^2 + 2\sigma_{\tilde{V}}^2\right)\overline{V} - \alpha k\sigma_{\tilde{e}}^2 \sigma_{\tilde{V}}^2 \cdot \overline{RS}_3 - 2\alpha\sigma_{\tilde{V}}^4 \overline{RS}_2}{k\sigma_{\tilde{e}}^2 + 2\sigma_{\tilde{V}}^2} + \frac{\alpha\sigma_{\tilde{V}}^4\left(\overline{RS}_2 - \overline{RS}_1\right)}{k\sigma_{\tilde{e}}^2 + \sigma_{\tilde{V}}^2}$$

$$(2.8)$$

上述 P_3，P_2，P_1 即为交易阶段3、交易阶段2和交易阶段1的股票市场价格，是股票真实价值 $\tilde{V}$ 的市场反映（现实生活中 P_3，P_2，P_1 受各种因素的影响，围绕真实价值 $\tilde{V}$ 上下波动）。

（二）投资者过度自信与股价有效性的模型推导

由假设条件可知，$\tilde{V}$ 是风险资产的期末现金流价值，理论上来说，P_2，P_3 应该是期末现金流价值的真实反映。而实际上的 P_2，P_3 可能与 $\tilde{V}$ 存在一定偏差，二者之间偏离的方差一定程度上可以看作股票定价有效性的高低。方差越小，价格对于真实现金流的偏离越小，定价有效性越高。

$$\text{VaR}\left(P_3 - \tilde{V}\right) = \text{VaR}\left(\frac{\sigma_{\tilde{V}}^2}{k\sigma_{\tilde{e}}^2 + 2\sigma_{\tilde{V}}^2}\left(\tilde{I}_2 + \tilde{I}_3\right) - \tilde{V}\right) = \frac{\sigma_{\tilde{e}}^2 \sigma_{\tilde{V}}^2}{\left(k\sigma_{\tilde{e}}^2 + 2\sigma_{\tilde{V}}^2\right)^2} \cdot \left(k^2\sigma_{\tilde{e}}^2 + 2\sigma_{\tilde{V}}^2\right)$$

$$(2.9)$$

$$\text{VaR}\left(P_2 - \tilde{V}\right) = \text{VaR}\left(\frac{\sigma_{\tilde{V}}^2}{k\sigma_{\tilde{e}}^2 + \sigma_{\tilde{V}}^2}\tilde{I}_2 - \tilde{V}\right) = \frac{\sigma_{\tilde{e}}^2 \sigma_{\tilde{V}}^2}{\left(k\sigma_{\tilde{e}}^2 + \sigma_{\tilde{V}}^2\right)^2} \cdot \left(k^2\sigma_{\tilde{e}}^2 + \sigma_{\tilde{V}}^2\right)$$

$$(2.10)$$

上述两式分别对 k 求偏导：

$$\frac{\partial \text{VaR}\left(P_3 - \tilde{V}\right)}{\partial k} = \frac{4\sigma_{\tilde{V}}^4 \sigma_{\tilde{e}}^4}{\left(k\sigma_{\tilde{e}}^2 + 2\sigma_{\tilde{V}}^2\right)^3}\left(k - 1\right) < 0$$

$$(2.11)$$

$$\frac{\partial \mathrm{VaR}\left(P_2 - \tilde{V}\right)}{\partial k} = \frac{2\sigma_{\tilde{V}}^4 \sigma_{\tilde{e}}^4}{\left(k\sigma_{\tilde{e}}^2 + \sigma_{\tilde{V}}^2\right)^3}(k-1) < 0 \qquad (2.12)$$

上述推导结果表明，股票定价有效性与投资者过度自信程度密切相关，投资者过度自信程度越高（k越小），股票定价有效性越低〔价格偏离的方差 $\mathrm{VaR}\left(P_t - \tilde{V}\right)$ 越大〕。

（三）投资者过度自信与股价波动性的模型推导

接下来我们分析投资者过度自信对于股价波动的影响。由上述P_3，P_2，P_1的表达式可知，价格方差（即股价波动）的表达式如下：

$$\mathrm{VaR}\left(P_3\right) = \frac{\sigma_{\tilde{V}}^4}{\left(k\sigma_{\tilde{e}}^2 + 2\sigma_{\tilde{V}}^2\right)^2} \cdot \mathrm{VaR}\left(\tilde{I}_2 + \tilde{I}_3\right) = \frac{2\sigma_{\tilde{V}}^4}{\left(k\sigma_{\tilde{e}}^2 + 2\sigma_{\tilde{V}}^2\right)^2} \cdot \left(\sigma_{\tilde{e}}^2 + 2\sigma_{\tilde{V}}^2\right) \quad (2.13)$$

$$\mathrm{VaR}\left(P_2\right) = \frac{\sigma_{\tilde{V}}^4}{\left(k\sigma_{\tilde{e}}^2 + \sigma_{\tilde{V}}^2\right)^2} \cdot \mathrm{VaR}\left(\tilde{I}_2\right) = \frac{\sigma_{\tilde{V}}^4}{\left(k\sigma_{\tilde{e}}^2 + \sigma_{\tilde{V}}^2\right)^2} \cdot \left(\sigma_{\tilde{e}}^2 + \sigma_{\tilde{V}}^2\right) \quad (2.14)$$

上述两式分别对k求偏导：

$$\frac{\partial \mathrm{VaR}\left(P_3\right)}{\partial k} = -\frac{2\sigma_{\tilde{V}}^4\left(\sigma_{\tilde{e}}^2 + 2\sigma_{\tilde{V}}^2\right)}{\left(k\sigma_{\tilde{e}}^2 + 2\sigma_{\tilde{V}}^2\right)^3}\sigma_{\tilde{e}}^2 < 0 \qquad (2.15)$$

$$\frac{\partial \mathrm{VaR}\left(P_2\right)}{\partial k} = -\frac{\sigma_{\tilde{V}}^4\left(\sigma_{\tilde{e}}^2 + \sigma_{\tilde{V}}^2\right)}{\left(k\sigma_{\tilde{e}}^2 + \sigma_{\tilde{V}}^2\right)^3}\sigma_{\tilde{e}}^2 < 0 \qquad (2.16)$$

上述偏导数正负号的推导结果表明，股票市场的价格波动与投资者的过度自信程度密切相关，投资者过度自信程度越高（k越小），股价波动越大〔价格方差$\mathrm{VaR}(P_t)$越大〕。这一定程度上说明，投资者的过度自信心理将增加股票定价的波动风险。

事实上，股市行情高涨时的正收益状态一定程度上肯定了投资者过去投资决策的正确性，行为金融学上所谓的自我归因偏差心理促使投资者更加自信，推动股票价格在短时间内大幅度上扬〔Gervais和Odean（2001）称之为"收入效应"〕。股市行情持续低迷时的负收益，使投资者感到消极和悲观，羊群效应必然导致股价持续下跌，他们的杀跌行为会进一步导致股价暴跌。因此，投资者过度自信偏好一定程度上可以解释中国股票市场的暴涨暴跌现象。

上述的设计安排，主要是围绕投资者过度自信与股票定价的关系为主题，采用数理模型分析投资者过度自信对股票定价有效性和波动性等所产生的影响，为后面的实证分析奠定理论基础。

四、实证研究设计

（一）研究假设

1.关于投资者过度自信存在性的研究假设

根据Odean（1999）提出的收入效应理论，我们认为股票本期交易量与股票以往的收益是密切相关的，他的收入效应理论证明了资本市场过度自信现象的存在。因此，我们提出假设一。

假设一：我国存在投资者过度自信现象（过度自信引发过度交易的收入效应现象）。

2.关于投资者过度自信对股票定价影响的研究假设

根据前文的理论模型所反映的投资者过度自信与股票定价

的关系，结合我国融资融券机制下股票市场仍旧暴涨暴跌的现象。提出如下关于投资者过度自信与股票定价之间关系的假设。

假设二：投资者过度自信导致股价高估，股价有效性降低。

假设三：投资者过度自信导致股价波动加剧，股票市场暴涨暴跌风险加大。

3.关于融资融券交易与投资者过度自信对股票定价共同影响的研究假设

由于投资者普遍存在过度自信非理性心理，卖空机制并不能很好地抑制股价的暴涨暴跌。根据巴曙松和朱虹（2016）的研究，融资融券最终表现为对投资者情绪的助涨或抵消作用，取决于融资与融券交易的比重。当融资交易占多时，投资者情绪体现为杠杆融资引发的对股价预期过度乐观的情绪；而当融券交易占多时，则体现为卖空交易主导的对股价预期悲观的情绪。方立兵和肖斌卿（2015）也指出，由于我国股市融资融券交易的严重失衡，股票的"买空"通道被过度开采，而"卖空"通道则未发挥其应有的作用。因此，在牛市中，融资交易对投资者过度自信的助涨作用，导致股价被进一步高估。而在熊市中，正如Hong和Stein（2003）所描述的，过度自信使投资者对负面信息的反应不足且滞后，有限的卖空交易会抑制坏消息的揭示过程，累积的坏消息会在市场下跌时出现"雪崩"。当卖空交易占多时，将引发投资者的恐慌，导致股市的快速下跌。基于上述分析，提出如下假设：

假设四：牛市中，融资交易体现为对投资者过度自信的助涨作用，股价被进一步高估，波动性加大。

假设五：熊市中，融券交易表现为投资过度自信的助跌作用，并加大了股票的波动性。

（二）样本数据与指标选择

我们选择2015年1月1日至2017年6月30日作为样本区间，上述所选样本期间恰好包括了牛市（2015年1月1日—2015年6月12日）、熊市（2015年6月13日—2016年6月30日）以及盘整市（2016年7月1日—2017年6月30日），这样的区间选择便于我们后面进行分市场行情的实证研究。对于融资融券标的股，我们遵循以下样本选取原则：①剔除财务状况异常的上市公司；②剔除财务指标缺失的上市公司；③剔除在整个样本期间停牌天数多于20个交易日的股票；④剔除在整个样本期间有发生特殊事件的股票。经过以上处理，得到本部分研究的样本标的股361只，各指标变量信息如表2-2所示。

（1）本部分被解释变量为反映股票定价的两个代表性指标。拟从有效性和波动性角度分别实证检验融资融券交易、投资者过度自信对于股票定价的影响。因此，我们选市净率、波动率两个指标来进行分别实证。

（2）本部分解释变量正如研究主题所示：融资融券交易、投资者过度自信会对股票定价产生什么样的影响？其中，lnMP、lnSS分别代表个股的对数融资余额与对数融券余额，我们以此作为融资融券交易的代理变量，为防止可能的异方差，我们对其做自然对数处理。关于投资者过度自信指标的选择问题，以往有较多文献采用换手率作为代理变量（李志生，陈晨，林秉旋，2015）。我们也将其作为过度自信程度的代理变量，该指标越大，投资者过度自信程度越高。

（3）考虑到个股之间差异较大，我们对于公司个体特征进行一定的控制。通过借鉴前人研究，选取净资产收益率、流通市值、资产负债率、账面市值比和行业虚拟变量等5个控制变量。由于上市公司按季度公开财务报告，净资产收益率、资产负债率、账面市值比和机构持股比例四个季度指标，与其他日度指标频率不一致，假定上述相对率指标季度内保持不变，从而将上述四个季度指标转换为日数据。

（4）分组变量的选择。本部分拟以公司规模大小、机构持股比例高低、市场行情好坏三个分组变量将总体样本划分成三个子样本，分析投资者过度自信程度在不同的微观个体特征和宏观市场特征下存在怎样的差异。

（5）关系变量的选择。本部分对前期收益率和换手率之间的长期因果关系进行实证检验，拟验证Odean等人提出的收入效应理论，进而证明我国投资者过度自信现象的存在性。

表2-2　各变量定义表

变量名称		符号	变量含义
被解释变量	市净率	PB	股价有效性指标，反映股票定价是否高估。PB=股票市值/净资产
	波动率	Vol	股价波动性指标，采用个股周收益的方差来度量
解释变量	换手率	TO	投资者过度自信代理变量，TO=个股日成交金额/个股日流通市值
	融资余额	lnMP	lnMP=ln（1+融资买入额与融资偿还额之间的差额）
	融券余额	lnSS	lnSS=ln（1+融券卖出额与融券偿还额之间的差额）
控制变量	净资产收益率	ROE	公司个体特征，ROE=净利润/股东权益余额

续　表

变量名称		符号	变量含义
	流通市值	lnSize	公司规模的控制变量，lnSize=ln（股票收盘价×流通股数）
	资产负债率	Lev	公司资本结构的控制变量，Lev=负债合计/资产总计
	行业虚拟变量	$\sum_{n=1}^{14}$ Industry	根据证监会（CSRC）2012年制定的行业分类标准，将本研究样本总体划分为15个行业生成14个虚拟变量
分组变量	机构持股比例	HP	股票投资集中或分散的代理指标，HP=基金持股比例+合格境外投资者持股比例+券商持股比例+保险持股比例+社保基金持股比例+信托持股比例+财务公司持股比例+银行持股比例+非金融类上市公司持股比例
	流通市值	lnSize	用以研究不同公司规模，过度自信程度的差异
	市场行情	Market	将市场行情划分为牛市、熊市、盘整市
关系变量	前期收益率	$R_{i,t-1}$	国泰安数据库收益率指标公式 $$R_{i,t} = \frac{P_{i,t}\left(1+F_{i,t}+S_{i,t}\right)\times C_{i,t}}{P_{i,t-1}+C_{i,t}\times S_{i,t}\times F_{i,t}} - 1$$
	换手率	TO	用以证明投资者过度自信存在性，过度自信程度代理变量

（三）模型构建

1.投资者过度自信存在性的实证模型构建

Gervais和Odean（2001）提出的收入效应理论成为研究过度

自信问题的主流分析方法。借鉴他们的方法，我们建立前期收益率与本期换手率（过度自信代理变量）之间的面板误差修正模型以验证我国市场上投资者过度自信现象存在与否。

$$\mathrm{TO}_{i,t} = C_{1,i} + \lambda_{1,i}\mathrm{ECM}_{i,t-1} + \sum_1^p \alpha_{1,i,p}\mathrm{TO}_{i,t-p} + \sum_1^p \beta_{1,i,p}R_{i,t-p} + \mu_{1,i,t} \tag{2.17}$$

$$R_{i,t-1} = C_{2,i} + \lambda_{2,i}\mathrm{ECM}_{i,t-1} + \sum_1^p \alpha_{2,i,p}\mathrm{TO}_{i,t-p} + \sum_2^p \beta_{2,i,p}R_{i,t-p} + \mu_{2,i,t} \tag{2.18}$$

其中：$\mathrm{TO}_{i,t}$为过度自信程度变量，$R_{i,t-1}$为滞后一阶的前期收益率，$\mu_{i,t}$为随机误差项。若$\mathrm{ECM}_{i,t-1}$的系数显著不等于0，则说明前期收益率与过度自信指标具有稳定的长期关系。如果$\beta_{1,i,p}$系数显著且为正，则前期正收益的存在，从而导致了本期换手率的提高，也就证明了我国投资者过度自信心理的存在性。

2.融资融券交易、投资者过度自信与股票定价关系的实证模型构建

由于投资者过度自信对股票定价的影响同时也与融资融券交易有关系，因此将解释变量的交互项放到模型中将会极大地改善所有相关系数的可解释性。同时，考虑到股价有效性、波动性不仅受其本身以外的因素影响，可能还受其本身的前期市场表现影响，在模型估计方法的选择上，我们试图加入被解释变量的一阶滞后项来建立动态面板模型。考虑到被解释变量滞后项的存在会导致内生性问题，我们选择两阶段系统广义矩（SYS-GMM）来进行动态面板模型估计，从而避免内生性问题。采用SYS-GMM的动态面板模型构建如下：

（1）卖空机制、投资者过度自信对股价有效性的影响。

$$PB_{i,t} = c + \beta_1 PB_{i,t-1} + \beta_2 TO_{i,t} + \beta_3 \ln MP_{i,t} + \beta_4 \ln SS_{i,t} + \beta_5 TO_{i,t} \times$$

$$\ln MP_{i,t} + \beta_6 TO_{i,t} \times \ln SS_{i,t} + \beta_7 ROE_{i,t} + \beta_8 \ln Size_{i,t} + \beta_9 Lev_{i,t}$$

$$+ \sum_{n=1}^{14} Industry + \mu_i + \nu_t + \varepsilon_{i,t} \tag{2.19}$$

（2）卖空机制、投资者过度自信对股价波动性的影响。

$$Vol_{i,t} = c + \beta_1 Vol_{i,t-1} + \beta_2 TO_{i,t} + \beta_3 \ln MP_{i,t} + \beta_4 \ln SS_{i,t} + \beta_5 TO_{i,t} \times$$

$$\ln MP_{i,t} + \beta_6 TO_{i,t} \times \ln SS_{i,t} + \beta_7 ROE_{i,t} + \beta_8 \ln Size_{i,t} + \beta_9 Lev_{i,t}$$

$$+ \sum_{n=1}^{14} Industry + \mu_i + \nu_t + \varepsilon_{i,t} \tag{2.20}$$

其中：市净率（$PB_{i,t}$）、波动率（$VoL_{i,t}$）为被解释变量；换手率即过度自信程度变量（$TO_{i,t}$）、融资余额（$\ln MP_{i,t}$）和融券余额（$\ln SS_{i,t}$）以及换手率和融资融券交易的交互项（$TO_{i,t} \times \ln MP_{i,t}$、$TO_{i,t} \times \ln SS_{i,t}$）为解释变量；净资产收益率（$ROE_{i,t}$）、公司规模（$\ln Size_{i,t}$）、资产负债率（$Lev_{i,t}$）、行业虚拟变量（Industry）为控制变量。

五、实证结果与分析

（一）投资者过度自信心理存在性的实证检验

依据Odean（1999）的收入效应理论，前期投资收益的提高会使投资者进一步高估自己的能力和掌握的私人信息，从而导致本期频繁交易。本部分将检验前期收益率（$R_{i,t-1}$）与过度自信程度（$TO_{i,t}$）之间的关系来探讨投资者过度自信现象的存在。

为验证我国股市投资者是否具有过度自信的认知偏差，从而导致其有过度交易倾向，我们对前期收益率变量$R_{i,t-1}$与换手率变量$TO_{i,t}$进行协整检验。结果表明，各统计变量均拒绝二者不存在协整关系的原假设，即表明过度自信指标和前期收益率是存在长期稳定的协整关系，前期收益率和投资者过度自信关系密切（出于简洁性需要，协整检验过程不在文中展示）。

虽然经协整检验表明二者之间存在长期协整关系，然而二者关系的作用方向仍是一个值得研究的问题，究竟是前期正收益率导致了投资者过度自信，还是投资者过度自信带来了前期正收益率？为明确这一关系，在变量协整的前提下，我们基于面板数据的误差修正模型［式（2.17），（2.18）］，对前期收益率与过度自信指标之间进行的作用方向进行检验。

（1）若$ECM_{i,t-1}$的系数λ_{1i}或λ_{2i}能够拒绝原假设H_0：$\lambda_{1i}=0$或H_0：$\lambda_{2i}=0$，则说明前期收益率与过度自信指标具有长期因果关系。如表2-3所示，λ_{1i}和λ_{2i}的t检验均拒绝原假设，说明二者具有长期双向因果关系。

（2）变量$TO_{i,t-p}$和$R_{i,t-p}$的系数能反映短期因果关系。对变量滞后项系数做F检验，结果见表2-3，式（2.17）的$F=4.89$拒绝原假设，表明$R_{i,t-1}$是TO_i的短期格兰杰因果关系，式（2.18）的$F=0.26$无法拒绝原假设，表明$TO_{i,t}$不是$R_{i,t-1}$的格兰杰因果关系，即在这个方向上不存在短期因果关系。

上述实证结果证明了本部分实证设计部分提出的假设一：我国存在投资者过度自信现象（过度自信引起过度交易的收入效应现象）。表明前期收益的存在导致过度自信，进而引起过度交易。这种过度自信促使其在收益为正的前提下进行更为积极的交易和投资，从而表现出过度交易倾向。

表2-3　变量$TO_{i,t}$与$R_{i,t-1}$的面板数据因果关系检验

误差修正模型	变量	长期因果关系检验	短期因果关系检验
式（2.17）	$TO_{i,t}$	$H_0：\lambda_{1i}=0$	$H_0：\beta_{1i,p}=0$
		$T=-2.25$	$F=4.89$
式（2.18）	$R_{i,t-1}$	$H_0：\lambda_{1i}=0$	$H_0：\alpha_{2i,p}=0$
		$T=2.96$	$F=0.26$

（二）过度自信程度差异的分组描述统计

现实情况中，我们会发现这样的现象：相较于高市值的股票，投资者对市值较小的股票的过度自信现象会更显著；相比于机构投资者，散户投资者的过度自信现象也相对更加显著；相比于熊市和盘整市，在市场行情上涨时，投资者也更加倾向于过度自信。为了从定量角度发现这种现象的存在，本部分拟用描述性统计分析方法，分析不同的公司规模、机构持股比例、市场行情下，投资者过度自信程度是否存在显著差异。我们需要对组别之间投资者过度自信程度的均值进行简单的均值检验。

为比较高市值股票和低市值股票之间的过度自信现象是否存在显著差异，我们将全样本按照市值高低，划分为低市值组（lnSize介于20~24之间）、中市值组（lnSize介于24~26之间）、高市值组（lnSize介于26~30之间）三个子样本，具体结果见表2-4面板A：高市值股票的投资者过度自信程度较弱，而小市值股票的投资者过度自信程度较为严重，中等市值股票的投资者过度自信程度居中；高、低市值组的差异为（-0.0166），且在1%置信水平上显著。

为比较散户持股情况和机构持股情况对于股市投资者过度自信程度的差异，我们将全样本按照机构持股比例高低，划分为低机构持股比例组（HP介于0%~40%）、中机构持股比例组（HP介于40%~60%）、高机构持股比例组（HP介于60%~100%）三个子样本，具体结果见表2-4面板B：机构持股比例较高的股票，投资者过度自信程度较弱；而机构持股比例较低的股票，投资者过度自信程度较为严重；机构持股比例中等的股票，其过度自信程度也居中。而高、低机构持股组的差异为（-0.0081），且显著。这也间接表明，散户投资人比机构投资者更加趋于非理性交易，更容易受到过度自信认知偏差的影响，进而进行频繁交易。

为比较不同市场行情下投资者过度自信程度的差异，我们将全样本按照市场行情划分为牛市（2015年1月1日至2015年6月12日）、熊市（2015年6月13日至2016年6月30日）、盘整市（2016年7月1日至2017年6月30日）三个子样本，由表2-4面板C可知，在牛市行情下，整个市场欣欣向荣，投资者过度自信程度更严重；而熊市行情下，整个市场士气低迷，投资者过度自信程度较弱；盘整市行情下，投资者过度自信程度最低；同时，我们对比了牛市、熊市中，投资者过度自信程度的差异，发现它们在1%水平下显著（-0.0174）。投资者过度自信程度较弱；盘整市行情下，投资者过度自信程度最低。这表明，牛市中投资者的乐观情绪甚至过度自信心理，促使交易更加活跃；而经历了熊市的暴跌后，投资者的决策变得更为审慎。

表2-4　按股票市值、机构持股比例和

市场行情分组的描述统计

分组变量 ＼ 过度自信程度		均值	最大值	最小值	标准差	偏度	峰度	观测量
面板A：按市值高低分组	低市值组	0.022381	0.3761	0.00025	0.025756	3.213229	20.53222	58501
	中市值组	0.019117	0.3761	0.00004	0.02435	3.377151	22.44414	72840
	高市值组	0.005799	0.11924	0.00004	0.009209	3.610846	21.26241	14339
	高、低组差异（配对T检验）	-0.0166*** (-3.342)						
面板B：按机构持股比例高低分组	低机构持股组	0.019651	0.3761	0.00004	0.02487	3.332216	21.79984	67877
	中机构持股组	0.019117	0.3761	0.00004	0.02435	3.377151	22.44414	72840
	高机构持股组	0.011804	0.14889	0.00009	0.013633	2.174721	9.77677	4963
	高、低组差异（配对T检验）	-0.0081*** (-2.742)						
面板C：按市场行情分组	牛市子样本组	0.029417	0.27133	0.0003	0.026236	2.005109	9.412226	361
	熊市子样本组	0.021467	0.3761	0.00004	0.026749	3.449526	23.27727	361
	盘整市子样本组	0.012062	0.35632	0.00004	0.017852	4.918484	42.58254	361
	高、低组差异（配对T检验）	-0.0174*** (-3.064)						

注：***表示在1%水平上是显著的，括号内的数值为T统计量。

（三）投资者过度自信、融资融券交易与股票定价的实证检验

前文从理论模型角度分析投资者过度自信与股票定价之间

的关系，即投资者过度自信程度越高，股票定价效率越低，且股价波动性越大。基于这样的理论模型，本部分我们采用两阶段系统广义矩（SYS-GMM）进行动态面板模型估计，检验融资融券交易、投资者过度自信对股票定价的影响？具体模型见实证研究设计章节。

关于股票定价可以从两个方面来定义，市净率可以反映股票定价的有效性和是否被高估；波动率可以反映股票定价的波动性风险。因此，我们选取市净率、波动率两个指标作为股票定价的代理变量进行分析，具体实证结果见以下部分。

1.投资者过度自信、融资融券交易与股票定价有效性

回归结果见表2-5所示。其中被解释变量为代表股票定价有效性指标的市净率（PB），解释变量为代表过度自信水平的换手率（TO）、融资融券交易代理指标（lnMP，lnSS）以及换手率与融资融券的交互效应（TO×lnMP，TO×lnSS），其他为控制变量。从回归结果可知如下。

（1）从四个样本模型中，可以看出过度自信指标的系数均为正，且均在1%的水平下显著，即佐证我们的假设二：投资者过度自信导致股价高估，进而降低股票定价有效性。

（2）融资交易的系数在这四个样本的回归结果均为正，且在1%的水平下显著；牛市中的系数（0.0453）要高于全样本、盘整市和熊市中的系数（0.0310，0.0258和0.0167），这说明牛市中的融资买入进一步导致了股价的高估。

（3）从四个样本模型中，融券交易对数与市净率水平反方向变动，即融券交易起到了一定的抑制股价高估，提升股价定价有效性。

（4）投资者过度自信程度及融资交易的交互项的回归系数均为正，且显著，说明融资交易对过度自信有助涨作用，特

别在牛市中，过度自信与融资交易起到正反馈的作用，导致股市泡沫进一步增大。

（5）在全样本、牛市与盘整市样本中，投资者过度自信程度与融券交易的交互项的系数虽为正，但不显著；只在熊市样本的回归系数表现为显著。总体而言，二者的交互作用并没有抑制股价高估，这可能是由于我国市场融券交易规模占比较小、成本高，导致卖空机制没有发挥抑制股价高估的作用。这也印证了假设四和假设五，即融资融券交易在牛、熊市中分别表现为投资者过度自信的助涨助跌作用。

表2-5 投资者过度自信、融资融券交易对
股价高估影响的回归结果（SYS-GMM估计）

变量系数	样本1	样本2	样本3	样本4
	全样本	牛市子样本	熊市子样本	盘整市子样本
C	−35.4012***	−41.7835***	−32.5906***	−32.1655***
	(−3.136)	(−4.074)	(−3.154)	(−3.197)
$PB_{i,t-1}$	0.3721***	0.4177***	0.2836***	0.3309***
	(7.313)	(6.135)	(5.823)	(6.503)
TO	1.0374***	1.3192***	0.9837***	1.2715***
	(8.493)	(6.124)	(6.8143)	(5.9731)
lnMP	0.0310***	0.0453***	0.0167***	0.0258***
	(4.662)	(6.192)	(4.718)	(6.356)
lnSS	−0.0003	0.0008	0.0001	−0.0002
	(−1.346)	(0.964)	(0.563)	(−1.286)
TO × lnMP	0.3147***	0.4702***	0.2107	0.2870**
	(4.413)	(4.928)	(1.315)	(2.493)
TO × lnSS	0.0301	0.0282	0.0057	0.0092
	(0.974)	(1.269)	(0.925)	(1.064)

续　表

变量系数	样本1	样本2	样本3	样本4
	全样本	牛市子样本	熊市子样本	盘整市子样本
ROE	0.0219 (0.363)	0.0315 (0.42)	0.0433* (1.718)	0.0316 (0.448)
lnSize	0.0216*** (15.305)	0.0384*** (8.193)	0.0278*** (13.732)	0.0129*** (9.638)
Lev	−0.0162*** (−3.261)	−0.025 (−1.429)	−0.0317*** (−3.452)	−0.0082* (−1.753)
$\sum_{n=1}^{14}$ Industry	控制	控制	控制	控制
AR（1）	0.000	0.001	0.002	0.000
AR（2）	0.510	0.416	0.482	0.498
汉森检验	0.245	0.217	0.329	0.582
样本数量	361	361	361	361

注：***，**，*分别表示在1%，5%，10%水平上是显著的，括号内的数值为T统计量。限于篇幅，表中未报告14个行业虚拟变量的具体结果。

2.投资者过度自信、融资融券交易与股价波动性

本部分加入交互效应的动态面板回归模型回归结果见表2-5所示，其中被解释变量为股价波动性指标（Vol），解释变量为股价波动性指标（$Vol_{i,t-1}$）代表过度自信水平的换手率（TO）、融资融券交易代理指标（lnMP，lnSS）以及换手率与融资融券的交互效应（TO×lnMP，TO×lnSS），其他为控制变量。从回归结果可知如下。

（1）在这四个样本模型中，两阶段系统广义矩估计的过度自信指标和对数融资余额的系数分别为0.2128，0.0039，且均在1%的显著性水平下显著，对数融券余额系数为-8.762×10^{-5}，

但不显著。这表明，投资者过度自信加剧了股价波动，而融资交易进一步加剧了股价波动。

（2）融券交易的系数在不同的市场时期的区别不大。在表2-6四个样本中其系数均为负，且不显著。这表明，融券交易抑制股价波动的作用非常有限，并未起到"卖空机制"，平抑股价波动的功能，这可能是因为目前我们融券市场的整体交易量太小所导致的。

（3）从这四个样本中可发现，融资融券交易与投资者过度自信共同加剧股价的波动。牛市中，融资交易对于投资者过度自信的助涨作用，和在熊市中融券交易对过度自信的助跌作用都更为突出。

总的来说，模型回归结果进一步佐证我们的假设四：投资者过度自信心理导致股价波动加剧，股票市场暴涨暴跌风险加大。也佐证了我们的假设四和假设五：融资融券交易体现为投资者过度自信的助涨助跌作用，融资融券交易都是投资者过度自信的正向反应，从而加大了股价的波动。

表2-6　投资者过度自信、融资融券交易
对股价波动性的回归结果（SYS-GMM估计）

变量系数	样本1	样本2	样本3	样本4
	全样本	牛市子样本	熊市子样本	盘整市子样本
C	−0.2732*** (−3.563)	−0.3085*** (−3.872)	−0.2265*** (−2.816)	−0.3142*** (−3.190)
$Vol_{i,t-1}$	0.2728*** (3.573)	0.3312*** (4.512)	0.2935*** (3.742)	0.2679*** (4.436)
TO	0.2128*** (11.342)	0.3401*** (15.579)	0.2028*** (10.323)	0.1985*** (12.073)

续　表

变量系数	样本1	样本2	样本3	样本4
	全样本	牛市子样本	熊市子样本	盘整市子样本
lnMP	0.0039***	0.0055***	0.0061***	0.0019***
	(7.271)	(6.567)	(8.284)	(7.843)
lnSS	-8.762×10^{-5}	-0.0002	-6.273×10^{-5}	-3.024×10^{-5}
	(−1.282)	(−0.860)	(−0.452)	(−0.980)
TO × lnMP	0.0173***	0.0214***	0.0092***	0.0158***
	(2.943)	(2.451)	(3.325)	(2.816)
TO × lnSS	0.0073	0.0035	0.0098	0.0042
	(1.129)	(1.401)	(0.984)	(1.1354)
ROE	0.0013	0.012*	0.0095*	0.0018
	(1.463)	(1.798)	(1.674)	(1.290)
lnSize	0.0026***	0.0039***	0.0037***	0.0018***
	(15.427)	(8.583)	(10.754)	(12.538)
Lev	−0.0011	−0.0027	−0.019**	−0.0006
	(−1.530)	(−1.627)	(−1.382)	(−1.007)
$\sum_{n=1}^{14}$ Industry	控制	控制	控制	控制
AR（1）	0.001	0.002	0.000	0.001
AR（2）	0.520	0.345	0.436	0.382
汉森检验	0.429	0.261	0.227	0.416
样本数量	361	361	361	361

注：***，**，*分别表示在1%，5%，10%水平上是显著的，括号内的数值为T统计量。限于篇幅，表中未报告14个行业虚拟变量的具体结果。

六、研究结论及建议

（一）研究结论

投资者由于自我归因偏差，容易将以往收益归因于自身的决策能力和信息精确度，从而产生过度自信等非理性认知偏差。在我国融资融券制度大背景下，我们从行为金融学角度出发，研究投资者过度自信对股票定价的影响机理，采用交互效应面板模型对中国股票市场卖空机制、投资者过度自信与股票定价之间的关系进行实证检验，试图解释我国股市2015年前后的暴涨暴跌现象，得到了如下主要结论。

（1）对投资者过度自信与股票定价关系进行数学演绎表明：当投资者过度自信时，市场上存在股价高估现象，股票定价效率低下，股价波动也相应加剧。

（2）投资者过度自信程度与前期收益率之间存在正向因果关系，我国投资者存在过度自信行为。前期收益通过自我归因偏差心理增强投资者的过度自信程度，尤其是在中小散户为主的中国投资者结构下，投资者更加容易追涨杀跌，非理性交易，将股票作为炒作的对象，投资者过度自信现象严重。

（3）对投资者过度自信程度进行分组描述统计，并做了跨组的配对T检验，我们发现，市值较低、机构持股低的股票以及在牛市中，投资者过度自信程度较高。

（4）对融资融券交易、投资者过度自信与股票定价应用面板模型进行实证，研究发现：投资者过度自信等非理性情绪是股市暴涨暴跌等低质量现象的幕后元凶。投资者过度自信导致股价高估，降低股价有效性，并导致了股价的波动加剧，使得股市暴涨暴跌的风险加大。

（5）在股价有效性方面，融资买入导致股价高估，融券卖出总体上对股价高估的抑制较弱。在股价波动性方面，融资融券交易在抑制股市大幅波动的作用很有限。

（6）关于投资者过度自信、融资融券交易对于股票定价的交互作用，实证结果表明：在牛市与熊市，融资交易和融券交易分别表现为对投资者过度自信的助涨和助跌作用，加大了股价的波动。正是由于投资者的过度自信，使融资融券交易所应有的"卖空机制"没有发挥平抑股价的作用，导致了股市的暴涨暴跌，这也是2015年股灾的重要原因。

（二）建议及展望

2015年的股灾不同于我国以往的股灾，之前我国没有融资融券机制。另外，中国证券市场中个体投资者比例相当大，大多数证券品种是个人交易和持有，人们往往凭借直觉进行投资，因为在特殊市场条件下大多数投资者无法运用理性投资思维。导致我国股市投资者非理性现象严重，尤其在牛市时容易表现出过度自信和过度乐观。恰到好处的乐观与自信心理有利于保持良好的市场流动性，但中国证券市场中小投资者和非理性投资者占据很大比重，造成了投机过度和内幕交易，市场质量大大降低，证券市场没有很好地发挥价值发现、资源配置的功能。

因此，本部分提出如下建议。

（1）在投资者的教育培训方面，引导正确和理性的价值观和投资理念，加强投资者教育，提高投资者的理性认知能力，进而减少投资者非理性预期，降低非理性交易风险。

（2）在信息披露方面，提高上市公司信息披露的有效性、及时性，加强信息管理和检查，这对降低市场定价误差、降低由于信息不对称带来过度自信等非理性交易有着至关重要的作用。

（3）在市场投资者主体方面，大力培养和鼓励合格规范的机构投资者。机构投资者其投资风格多是趋向于理性的价值投资，因此受情绪影响的程度较弱，有利于股票的价格趋向其真实的内在价值。

（4）在市场监管方面，中国证监会等相关部门对于个体投资者可适当地设定准入门槛，从而限制部分投资者的过分投机行为，营造良好的市场交易氛围和投资环境。

第三部分　投资者关注、过度自信与市场效率

一、引言

在金融危机爆发前，市场中充满着过度乐观以及投资者过度自信。例如，美联储前主席艾伦·格林斯潘（Alan Greenspan）将2000年3月科技股泡沫破裂前的投资者行为描述称为"非理性繁荣"。Peicuti（2014）指出，1929年大萧条与2009年美国次贷危机前的数十年非常类似，美国经济迅速增长，并且没有显著的收缩，而这些都伴随着人们糟糕的生活方式，如大量的借贷，违约延期，使投资者对未来有更大的信心而不考虑可能的危机。相比之下，在金融危机和其他极端负面事件之后，投资者会更新他们的信念，对市场信息做出不同的反应（Kuhnen，2015）。Peng 和Xiong（2006）的论文指出，保守的投资者关注更多的，甚至全部的市场信息，而过度自信的投资者忽视有用的公共信息，而依赖于他们私有的信息（Kaustia，Knupfer，2008；Choic et al.，2009；Chiang et al.，2011）。

在当前的研究中，我们运用了投资者关注和过度自信的理论，并实证研究了市场崩溃前后股票价格发生的变化。我们的

主要假设是，投资者的过度自信阻碍了价格的发现，抑制了市场在市场崩溃前的反应。在市场崩溃后，投资者变得更加警惕，更为密切关注市场动向。因此，本部分假设，在股市危机前，价格延迟比崩盘后更大。

这一假设也得到了行为金融学的心理学理论和实证检验的支持。心理学文献显示，个体表现出归因倾向。当市场与他们预期一致时，他们将其归因于他们的高能力；而当市场不符合他们预期时，他们将这些事件归因于外部噪声或破坏行为的不确定（Hastorf，Schneider，Polifka，1970）。同样，相关的金融文献发现，投资者将他们在牛市中取得的高回报归因于其高超的交易技能（Thaler and Johnson，1990；Odean，1998，Gervais and Odean，2001）这就是为什么华尔街分析师经常警告投资者不要把头脑和牛市混为一谈的原因（Odean，1998；Statman et al.，2006）。研究进一步表明，过度自信的投资者更依赖于他们自己的信息和经验，而忽略了潜在的有用信息（Peng and Xiong，2006；Kaustia Knupfer，2008；Choic et al.，2009；Chiang et al.，2011）。因此，归因和信息偏见的综合效应导致了在股市崩盘前股票的价格发现缓慢。

比较股灾前后市场效率差异的好处在于，在股灾爆发前，投资者普遍存在着过度自信的情况。然而，这种事件研究法并不能区分投资者对于个股的过度自信与情感的差异。因此，作为一种补充的方法，本部分采用一个唯一的数据集：它包含股灾前后个股每日和月度的融资融券的详细交易信息。这些个股层面保证金交易的数据提供了投资者对个股过度自信和情绪的信息。正如金融学家认为，在1929年美国股市崩盘之前，保证金贷款是推动股市泡沫的主要因素之一（White，1990）。此外，Hirose，Kato 和Bremer（2009）研究显示，高保证金交易的股票主要由个人投资者主导。Kumar和Lee（2006）发现个体交易者很大程度上受情绪影响。因此，我们的第二个假设预测，股灾后，高融资交易股票价格延迟的变化比低融资交易的股票更为明显。

虽然大部分文献表明，坏消息传播缓慢（Hong，Lim，Stein，2000），但我们推测，只有当市场情绪高涨，投资者过度自信时，才会出现这种情况。具体地说，人们寻找证据来证实他们的观点，而忽视了自相矛盾的证据（Shefrin，2002）。Pouget等人（2017）进一步指出，在最初的积极（消极）信号之后，交易员往往会忽略随后的负面（积极的）信号，如果交易员先前已经更新了他们的信念，他们更有可能忽略随后的负面信号。行为研究还表明，人们甚至倾向于"错误地记住"自己的预测，以夸大他们在预见时所知道的事情（Fischhoff，1982；Odean，1998）。因此，我们的第三个假设：当市场情绪高涨时，坏消息才会传播缓慢。

本部分采用个股数据以2015年6月中国股市泡沫破裂为分界点，包括2014年12月至2015年5月的泡沫破裂前6个月，以及从2015年7月至2015年12月的泡沫破裂后6个月的数据，对上述假设进行检验。我们采用这一时期的数据作为样本，是因为其有如下几个独特的优势。首先，这些时期提供了一个干净的测试环境，投资者情绪发生了巨大变化。在2014年12月至2015年5月期间，上证综指（SHSE）指数和深成指（SZSE）指数分别上涨了92.8%和99.0%，而中国的投资者情绪指数（ISI）也增长了48.5%。这无疑是非理性繁荣的证据。2015年6月股市崩盘后，主要股指下跌了约50%，而投资者情绪指数（ISI）的跌幅超过了55%。其次，中国散户投资者一般都是情感投资者。他们更依赖于谣言和感情，而不是对他们交易的基本面分析

（Kang et al.，2002）。因此，这提供了一个理想的设置来检验投资者情绪对市场效率的影响。最后，我们的数据集包含每只具有融资融券交易资格的股票的每日和每月的保证金交易信息，而这些信息并没有被市场情绪指数所采用，因此，它提供了关于个人股票投资者情绪的额外信息。

我们将价格延迟作为价格发现的反向测量手段（Hou and Moskowitz，2005；Boehmer and Wu，2013），并获得以下主要结果。第一，崩盘前的价格延迟大约是后崩溃时期的两倍。对于高融资交易的股票来说，其在暴跌后的价格延迟的下跌幅度要比低融资交易股票大得多。这支持了我们的一个主要假设，即危机前投资者的过度自信阻碍了股票的价格发现。在股市危机等极端事件发生后，投资者变得更加警惕，更为密切关注市场信息，从而推动价格发现，降低价格延迟。第二，在崩盘前，当市场下跌时的价格延迟比在市场上涨时大约慢19%到30%。而在股市崩盘后，市场涨跌之间的价格延迟没有明显的差异。这表明，只有当市场情绪高涨时，坏消息才会传播得更慢，因为投资者过度自信与归因和确认偏差有关。

为了提供补充证据，证明投资者的关注确实是在市场崩盘后降低价格延迟，我们调查了市场崩盘前后，股价的同步性和股市敏感性的变化。我们的研究结果显示，价格同步在崩盘后几乎翻倍。股市暴跌后，高保证金交易股票的平均价格同步性增长了97%到122%，远高于低保证金交易股票的价格同步增长（49%~82%）。此外，低融资交易股票的市场波动敏感度是27%至63%，而高融资交易股票则为78%至101%。这一额外的证据为投资者的关注争论提供了强有力的支持，这表明在极端事件后，投资者会更新他们的信念（Kuhnen，2015），而受限的投资者会更加关注市场信息（Peng and Xiong，2006）。这也符合

Seybert 和Yang（2012）的观点，即投资者在经历了高情绪时期后，对负面意外的反应更强烈。

人们还可能认为，融资交易可能是由知情投资者而非情感交易者所推动的，由于信息不对称，知情投资者通过利用自己的私人信息而获利（Kyle，1985；Foster and Vishwanathan，1996）。我们采用两种不同的方法来研究这一问题。

首先，我们对比了不同保证金交易股票在股灾前后的异常收益（AR）和累计异常收益（CARs）。如果保证金交易反映的是知情交易者的私人信息，而非投资者的过度自信或噪声，那么高融资交易股票非正常回报率的下降幅度将小于低融资交易股票。然而，如果融资融券交易主要反映了情感投资者的过度自信，那么在股市崩盘后，高融资交易股票将遭受比低融资交易股票更多的损失。本部分的分析支持后者的观点。比如，对于低融资交易股票（本部分按股票月融资余额比该股月度总交易额的比率来衡量），股市崩盘前后3个月的累计异常收益（CAR0，2）的变化是-3.81%，而对高融资交易组股票（CAR0，2）的变化为-8.68%；这一差异是-4.87%，在经济与统计上均显著。

其次，若融资融券交易反映了私人信息，那么知情投资者将在下跌时买入被低估的股票，并在上涨时卖出高估的股票。因此，保证金交易预示着未来的价格变动。然而，如果融资融券交易反映的是投资者的情绪和过度自信，那么预计股市上涨时期将会有更多的融资交易出现。我们的研究结果显示，在股市上涨时期，净保证金交易占总交易比率为2.11到2.40不等，而在股市下跌时则为-0.29到-1.64。此外，股灾后，保证金头寸的减少比危机前的时期要大得多。此外，无论第二天是逆转、延续还是过度，在股市大跌（大涨）时，净保证金交易始终为负（正）。这些结果表明，保证金交易者是情感投资者，而非知情交易者。

我们的研究做出了如下几项贡献。首先，许多研究考察了金融危机对市场流动性的影响；我们却进一步研究了投资者关注与过度自信对市场效率的影响。过度自信阻碍了股市崩溃前的价格发现，而股灾后，投资者对市场动向变得更加警惕和高度敏感。其次，过往的研究采用宏观层面的数据，研究市场总体保证金交易需求的变化如何影响市场波动（Seguin，1990；Hsieh and Miller，1990；Hardouvelis，1990；Alexander et al.，2004）。我们克服了以往研究的不足之处，采用个股保证金交易数据，研究保证金交易者跟随市场趋势，并在市场上施加大压力，以强化金字塔和去金字塔效应。再次，现有研究表明，坏消息传播缓慢，但我们的研究结果表明，只有当投资者情绪高涨时，负面消息才会慢慢传播。最后，这项研究对政策制定者和其他市场均有着重要的影响，正如Baker，Wurgler和Yuan（2012）指出，投资者情绪在市场中蔓延，并形成全球情绪。

二、文献综述

在本节中，我们将简要介绍投资者的过度自信和归因偏差的文献，这与我们的假设是相关的。我们还将简要讨论美国和中国股市的保证金限制相关的研究。

（一）归因偏差和投资者过度自信

心理学文献发现投资者普遍存在归因偏差。人们把成功归因于他们自己的能力，而把失败归因于外部力量（Hastorf，

Schneider，Polifka，1970）。Gervais和Odean（2001）指出，在市场上涨后，投资者变得更加自信，交易也更加活跃，因为他们在评估自己能力时，将整体市场的回报提升归因于他们自己的智慧。Daniel，Hirshleifer和Subrahmanyam（1998）表明，当个体观察他们行为的结果时，他们会以一种有偏见的方式更新他们对自我能力的信心。他们将确认其行为的有效性的事件归因于其高能力，而将与其预期不符的事件归因于外部噪声或破坏行为。投资者调整他们的信念，寻求支持他们过去的投资决策，以减少心理成本和认知失调（Goetzmann and Peles，1997；Shefrin and Statman，1985）。

（二）投资者过度自信和交易行为

Daniel，Hirshleifer和Subrahmanyam（1998）表明，投资者对他们所获得的信息往往过于自信，而不是公共信息。尽管先前的研究表明，市场动量效应是因为市场对新闻反应迟钝（Jegadeesh and Titman，1993），Daniel，Hirshleifer和Subrahmanyam（1998）认为过度反应也会引起动量效应，因为公众信息会引发进一步的过度反应，而持续的过度反应会导致动量效应。Daniel和Titman（1999）也表明，投资者过度自信会引发股票收益的动量效应，而当股票估值需要对不明确的信息进行解释时，其动量效应最为强烈。Odean（1998）表明过度自信的交易者会导致市场对理性交易者的信息反应不足。他们对抽象的、统计的和高度相关的信息反应迟钝，对那些突出的、轶事型的、不相关的信息反应过度。当投资者忽视（重视）新信息时，就会出现正（负）收益序列相关。Griffin 和 Tversky（1992）指出，个人对长期的突出表现反应过度，但对间歇性新闻反应不足。

Hong和Stein（1999）的研究显示，一组交易员（新闻观察人士）对私人信息的反应不足，然后另一组交易员（套利者）试图利用这种反应不足，造成价格的过度上涨，导致过度反应。反应不足的投资者的存在会播种过度反应的种子，从而使动量交易者进入市场获利。Mendel和Shleifer（2012）分析了内部人士、噪声交易员和外部人士之间的互动。噪声交易员容易受到情绪冲击并基于此而交易，而没有任何信息交易的局外人则从价格中学习，他们也倾向于追逐因具有私人信息的内部人交易而价格上涨的股票。然而，只要有足够少的噪声交易者，局外人就可能混淆并追逐噪声，从而抑制信息交易者对价格的影响，放大情绪冲击，使价格偏离基本面。

Stambaugh，Yu和Yuan（2012）表明，当市场情绪高涨时，股票高估更为普遍。Yu和Yuan（2011）发现，在高人气时期，由于噪声交易者高度参与，市场就愈发不理性。类似的，Antoniou，Doukas和Subrahmanyam（2010）指出，市场情绪对价格的影响是不对称的，乐观情绪产生的定价偏差（估值过高）高于悲观情绪（低估）。Adebambo和Yan（2016）发现，那些过度自信的基金经理所持有的股票会相对于不自信基金经理所持有的股票能获得更大的动量收益以及更强的回报逆转。Cooper，Gutierrez和Hameed（2004）指出，动量利润只存在于牛市的后期。Chui等人（2010）进一步指出，在个人主义更强的国家，动量利润更高。

（三） 美国和中国的融资融券交易背景资料及相关研究

1934年的《证券与交易法》之后，美联储负责设定保证金比例，1934年10月最初设定为45%，从1934年至1974年调整了23次。保证金要求最高达到100%，即在1946年1月和1947年2

月期间，并在1974年1月之后仍保持在50%的水平（Hsiel and Miller，1990；Alexander et al.，2004）。1999年1月之前，美联储每季度发布了一份最新的具有资格保证金交易的证券清单。此后，美联储停止公布其名单，放弃了审查程序，取而代之的是一项自动规则，即所有的国内证券在上市后都可进行保证金交易（Alexander et al.，2004）。

从2010年3月31日起，中国证监会启动了融资融券交易试点。最初，只有90支在上交所和深交所上市的股票具有融资融券交易资格（见图3-1）。之后，证监会分别在2011年11月，2013年1月，2013年9月和2014年9月对可融资融券交易的股票进行了四次扩容。自2014年9月以来，有大约900只股票和16只交易所交易基金（ETF）可用于融资融券交易。

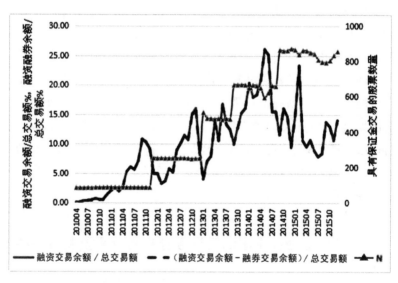

图3-1　具有融资融券交易资格股票数量和保证金交易额与总交易额占比

在1999年之前，由于个股层面的详细融资交易的信息有限，许多研究只能采用美国的保证金水平的变化来检验其对市场波动性的影响，但并未得到一致的结果。例如，Seguin（1990）发现，当一家公司具有融资融券资格时，股价随之上涨并且波动性降低，这意味着保证金交易可以降低波动性。他认为，减少交易者的财富限制可以提高流动性（Conrad，1989）。Hsiel 和 Miller（1990）发现，在20世纪30年代末和40年代初，保证金水平与股票波动性水平之间存在着微弱的负相关关系。他们还指出，保证金水平的变化往往是跟随而非导致波动性的变化，因为美联储在市场繁荣时倾向于提高保证金水平，在市场下跌后降低它们，而当市场下跌时，波动性通常会上升。因此，保证金要求与波动性之间存在明显的负相关关系。

Alexander等（2004）表明，当股票取得融资融券交易资格后，除了交易量增加，其流动性和波动率不会发生变化。他们认为，当保证金交易低时，交易信息、信息环境和股票的定价效率都会提高。然而，Hardouvelis（1990）指出，较高或增加的保证金要求与较低的股价波动和股票估值偏差有关。这一结果表明，保证金交易增加了波动性。Hardouvelis 和 Theodossiou（2002）指出，在牛市和正常市场中，保证金水平与波动率之间存在反向关系，但在熊市中不明显。

三、数据与样本选择

我们从国泰安数据库中选取了每日股票保证金交易信息和公司财务数据。初始样本包括837支具有完整数据股票的2014年12月至2015年12月期间（剔除2015年6月）的保证金交易数据。

由于在2015年6月前后中国股市经历了空前的繁荣与萧条，

我们以其为分水岭，将2014年12月至2015年5月的6个月划分为危机前时期，2015年7月至2015年12月为危机后时期，如图3-2a所示，上证综合指数在2013年和2014年之间保持在2000~2500点左右。但从2014年11月开始，该指数从2014年11月3日的2430点飙升至2015年6月12日的5166点，涨幅约为112%。然后，在2015年6月、7月和8月期间持续暴跌，2015年12月底，市场略有回升，收于3500点左右。深证成指也呈现类似的走势（如图3-2b所示）。该指数从2014年11月3日的8240点飙升至2015年6月12日的18098点的历史高点，在6个月内上涨了约120%。然后在2015年9月15日暴跌至9290点。由于在2015年6月股市极端波动，我们将其排除在外。

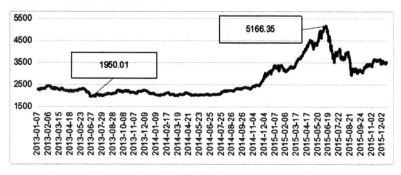

图3-2a　上证综指走势（2013.01—2015.12）

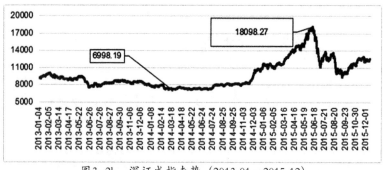

图3-2b　深证成指走势（2013.01—2015.12）

不出所料，投资者情绪在2015年6月之后出现了戏剧性的变化。在2013年和2014年的大部分时间里，投资者情绪指数（ISI指数）一直保持在30到50的范围内。但从2014年11月开始，ISI指数一路飙升，在2015年4月达到最高的137，离股市崩盘（2015年6月12日）仅两个月（见图3-2c）。从2013年1月到2015年4月，ISI指数的增长超过了350%（137/30-1），从2014年11月到2015年4月的其增长约为180%（137/49-1）。但从股市泡沫在2015年6月破裂开始，ISI指数在一个月内暴跌超过50%，从6月的134.4降至2015年7月的69.5。这一证据显然支持了我们的观点，即投资者在危机前期过度自信，在危机之后投资者情绪发生巨大的变化。

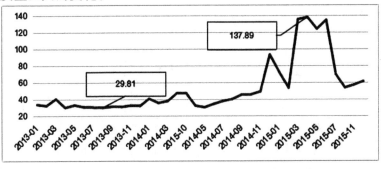

图3-2c 投资者情绪指数（ISI）走势（2013.1—2015.12）

表3-1报告了整个样本的汇总统计数据。样本股票每月的平均收盘价为19.35元，从3.53元（最低）到197.50元（最高）。总资产（按百万计，取对数）的均值为4.09（约为123亿元）。每股收益与股价（E/P）的比值从-0.02到0.04，均值和中值都接近于零。我们采用E/P而不是P/E比率来避免，当收益接近于零时，出现极端数字。前10大股东（HHI-Top10）的Herfindahl指数的均值和中值分别为0.17和0.14。股票周转率（采用股票每月交易数/年

末流通股数量），从0.07到3.40，证实了中国投资者的高投机性交易行为（Allen et al., 2005；Mei et al., 2009；Jun et al., 2014）。

本部分的主要兴趣集中在保证金交易活动，我们用4个不同方法来测量：①每月的融资交易余额与每月交易额的比例（MG bal./TRD）；②（月度融资余额—月度融券余额）比月度交易总额[（MG bal.-ST bal.）/TRD]；③月融资余额与总资产的比率（MG bal./TA）；④（月融资余额—月融券余额）与总资产之比（MG bal.-ST bal.）/TA）。其中：MG bal./TRD比率为2.4%到33.85%，均值和中位数分别为11.78%和11.54%。而（MG bal.-ST bal.）/TRD与MG bal./TRD几乎相同，说明卖空不活跃。MG bal./TA 的范围从0.04%到91.77%，与（MG bal.-ST bal.）/TA的比率也基本相同。

表3-1　样本的统计性描述

变量	N	均值	最小值	1/4 值	中值	3/4 值	最大值
股价（Price）	837	19.35	3.53	10.34	15.49	23.88	197.50
公司规模［Log（TA）]	837	4.09	2.77	3.63	3.98	4.41	6.69
收益/股价比（E/P）	837	0.00	−0.02	0.00	0.00	0.00	0.04
Herfindahl 指数（HHI-Top10）	837	0.17	0.00	0.07	0.14	0.25	0.65
个股每月换手率（Turnover）	837	0.75	0.07	0.45	0.69	0.94	3.40
月融资余额/月总交易额（%）	837	11.78	2.40	9.31	11.54	13.71	33.85
月融资融券余额/月总交易额（%）	837	11.76	2.40	9.29	11.54	13.71	33.83
月融资余额/总资产（%）	837	14.27	0.04	3.71	9.49	19.02	91.77
月融资融券余额/总资产（%）	837	14.25	0.04	3.70	9.47	19.01	91.77

注：该表报告了从2014年12月到2015年5月以及2015年7月至12月的测试期间837支符合融资融券交易股票的汇总统计数据。由于中国股市在2015年6月经历了剧烈波动，因此不包括在样本期内。其中，股价为月底的收盘价。

中国股市较低的卖空行为与之前的研究一致,这表明卖空是昂贵的,交易员不愿意采取空头头寸。例如,Barber 和 Odean (2008) 和 Stambaugh 等 (2012) 表明,只有不到0.3%的个人投资者持有空头头寸。知情或机构投资者即使认为股价过高也不愿做空,因为他们面临着价格在下跌前上涨的风险 (Delong et al., 1990;Shleifer and Vishny,1997)。鉴于卖空交易数量少,我们对本书其余部分的分析主要集中在融资交易上。

四、研究方法和实证结果

我们分别采用 Hou 和 Moskowitz (2005) 和 Boehmer 和 Wu (2013) 的方法,来估算股票的价格延迟。具体地说,我们分别应用限制性与非限制性市场模型中获得R^2。非限制性市场模型如下:

$$R_{i,t} = \alpha_i + \beta_i R_{m,t} + \sum_{\tau=1}^{\tau=4} \delta_i^\tau R_{m,t-\tau} + \varepsilon_{i,t} \qquad (3.1)$$

其中:$R_{i,t}$ 和 $R_{m,t}$ 分别代表股票 i 和市场在 t 日的日收益率。在限制模型中,滞后市场回报率的系数之和 ($\sum \delta_i^\tau$) 被限制为零,该模型如下:

$$R_{i,t} = \alpha_i + \beta_i R_{m,t} + \xi_{i,t} \qquad (3.2)$$

我们应用公式 (3.1) 和 (3.2) 分别估算出每支股票每月的非限制性 $R_{i,u}^2$ 和限制性 $R_{i,r}^2$。为了使估计更可靠,我们剔除了一个月内少于15个交易日的股票样本。每支股票每月的价格延迟由以下公式计算：

$$\text{Delay}_i = 1 - R_{i,r}^2 / R_{i,u}^2 \tag{3.3}$$

$R_{i,r}^2$ 相对于 $R_{i,u}^2$，越大意味着当前的市场信息越快地纳入股价中，股票的价格延迟也越小。

（一）股票价格延迟的单变量分析

作为研究市场崩盘前后价格延迟差异的初步测试，我们进行了单变量分析，并比较了在股市崩盘前后的价格延迟。为了分析保证金交易在股市崩盘前后对价格延迟的影响，我们按照崩盘前的保证金交易比率，将样本中的股票分为三组。股票的月度融资余额与总交易额的比率（MG bal./TRD）在底部（顶部）1/3为低（高）组，其余的股票则为中间组。同样，根据第三节中的定义，我们按股票的月度净融资交易额与总交易额的比率（MG/TRD）和月度融资交易余额比总资产（MG bal./TA），将其分为低、中、高三类。应当注意，我们并没有重新根据股市崩盘后的融资交易比率对股票进行分类，是因为我们研究的主要焦点是投资者情绪对于股票价格延迟的影响，以及不同的投资者情绪对于股票价格延迟的差异。这一设计将样本减少至627只股票，它们危机前后均有保证金交易数据。

表3-2 股灾前后时期个股价格延迟的单变量检验

融资交易分组	时期	月融资余额/月总交易额 (MG bal./TRD)		月度净融资交易额/月总交易额 (MG/TRD)		月融资余额/总资产 (MG bal./TA)	
		均值	T 统计量	均值	T 统计量	均值	T 统计量
低组	股灾前	0.41	31.54***	0.42	32.14***	0.33	31.61***
(n=157)	股灾后	0.19	23.27***	0.20	21.48***	0.19	23.13***
	Diff 1 =股灾后– 股灾前 (配对 T 检验)	−0.21	−13.94***	−0.22	−14.05***	−0.14	−10.64***
中间组	股灾前	0.43	49.23***	0.42	47.87***	0.45	53.99***
(n=313)	股灾后	0.18	25.40***	0.19	27.12***	0.17	29.20***
	Diff 1 =股灾后– 股灾前 (配对 T 检验)	−0.25	−21.97***	−0.23	−20.37***	−0.27	−26.65***
高组	股灾前	0.44	35.94***	0.45	37.53***	0.48	37.96***
(n=157)	股灾后	0.20	22.57***	0.18	21.25***	0.21	18.41***
	Diff 1 =股灾后– 股灾前 (配对 T 检验)	−0.25	−16.43***	−0.28	−18.91***	−0.27	−15.78***
高组– 低组	高、低组差异 (配对 T 检验)	−0.03	−1.76*	−0.05	−2.73**	−0.13	−6.55***

注：股灾前时期是指2014年12月1日至2015年5月31日，股灾后时期为2015 年7月1日至12月31日。剔除2015年6月，是因为中国股市在那个月剧烈波动。***，**和*分别表示0.01，0.05和0.1的显著性水平。

根据表3-2的实证结果，我们观察到两个清晰的模式。首先，股灾前的价格延迟是股灾后的两倍，并且不论统计学或是从经济学意义上来看，差异都是显著的。例如，在股灾前，低、中、高组（以MG bal./TRD为分组标准）的价格延迟分别为0.41、0.43和0.44。与此形成鲜明对比的是，在股灾后，它们的延迟时间分别只有0.19、0.18和0.20。股灾前后的变化分别为-0.21、-0.25和-0.25。所有这些差异均在1%统计水平上显著。当我们采用MG/TRD和MG bal./TA比率来分组，也得到类似的结果。

其次，价格延迟下降的幅度与保证金交易比率呈正相关。例如，低融资交易组（MG bal./TRD）的价格延迟变化为-0.21，大约下降了51%（-0.21/0.41）；而高融资交易组（MG bal./TRD）的价格延迟变化为-0.25，下降了57%（-0.25/0.44）。低组和高组之间的差异为-0.03，在10%水平下显著。当股票按月度净融资交易额与总交易金额的比率（MG/TRD）分类时，低和高比率组的价格延迟变化分别为-0.22（或-52%）和-0.28（或-62%）。高、低组的差异为-0.05，显著性在0.05水平。当采用融资余额比总资产（MG bal./TA）对股票进行分类时，价格延迟的变化更为明显。低组的价格延迟下降为-0.14，相当于42%的跌幅，但高组的降幅为-0.27，下降了56%。低组和高组之间的差值分别为-0.13，在1%水平下显著。

股市崩盘前股票价格延迟大以及高融资交易组的价格延迟显著下降，表明投资者情绪和过度自信对于股票价格发现的负面影响。这与Seybert和Yang（2012）和Coulton, Dinh, Jackson（2016）的发现一致，表明投资者情绪影响了他们的决策过程，从而影响了价格发现的及时性。Walther和Willis（2013）进一步表明，在市场情绪高涨时，即使是金融分析师，也会更加乐观，对信息的反应也不准确。

（二）控制公司特征变量的回归分析

上一节的单变量分析显示，在股市崩盘后，股票的价格延迟下降，并且高融资交易股票的跌幅更大。然而，这可能是其他因素造成的，因为融资融券交易可能是内生的，受到公司特征的影响。因此，我们接下来通过以下的面板回归分析控制公司特征变量后融资交易对价格延迟的影响。

$$\text{Delay}_{i,t} = \alpha_0 + \alpha_1 \text{MG Rank}_{i,t} + \alpha_2 \text{MG Ratio}_{i,t} \times \text{Post}_t + \alpha_{3-12}(\text{Controls})$$

$$(3.4)$$

其中：因变量采用公司 i 在 t 月的价格延迟 $\text{Delay}_{i,t}$ 来代表。MG $\text{Rank}_{i,t}$ 代表公司 i 在 t 月的融资交易排名分数（分数在1到3范围内），我们没有使用融资交易的实际价值比率，而采用排名得分是为了减少潜在噪声。具体来说，我们根据股票每月的融资交易比率进行排名，将最小融资交易（最大）1/3的股票取值为1（3），而中间股票取值为2。为体现股灾前后融资交易对股票价格延迟的非对称影响，我们使用一个交互变量融资交易比率×股灾后时期（MG $\text{Ratio}_{i,t}$ × Post_t），这里Post值在股灾后取值为1，在股灾前取值为0。公司控制变量包括股票价格的对数Log（$\text{Proce}_{i,t}$），总资产的对数Log（$\text{TA}_{i,t}$），当期与滞后一期收益与股价的比率 $E/P_{i,t}$ 和 $E/P_{i,t-1}$，前10大股东赫芬达尔指数 $-\text{HHI\_TOP10}_{i,t}$，月股票换手率$\text{Turnover}_{i,t}$，当月与滞后一期股票回报$\text{Beturn}_{i,t}$，和$\text{Return}_{i,t-1}$，以及股票风险系数（$\beta_{i,t}$），我们采用前12个月至前1个月度回报来估算。我们还使用了当期市场回报$R_{m,t}$与滞后一期的市场回报$R_{m,t-1}$来控制市场情况。

表3-3 融资交易与股票价格延迟（控制公司特征变量）

变量	系数	T 统计量	系数	T 统计量	系数	T 统计量
截距	0.435	(13.16) ***	0.361	(11.99) ***	0.376	(9.43) ***
月融资余额/总交易额	0.006	(1.13)				
月净融资余额/总交易额			0.030	(6.53) ***		
月融资余额/总资产					0.036	(5.45) ***
融资交易比率 × 股灾后	−0.056	(−14.04) ***	−0.054	(−13.58) ***	−0.072	(−17.51) ***
月末收盘价对数 [Log（Price$_{i,t}$）]	0.036	(3.28) ***	0.046	(4.22) ***	0.045	(4.05) ***
总资产对数 [Log（TA$_{i,t}$）]	−0.028	(−4.90) ***	−0.028	(−5.01) ***	−0.033	(−4.63) ***
当期每股收益/股价（$E/P_{i,t}$）	−1.187	(−0.96)	−1.016	(−0.82)	−1.135	(−0.92)
滞后一期每股收益/股价（$E/P_{i,t-1}$）	0.906	(0.76)	0.501	(0.42))	1.061	(0.90)
HHI_Top10$_{i,t}$	−0.007	(−0.27)	0.020	(0.82)	0.025	(1.01)
月换手率（Turnover$_{i,t}$）	0.015	(2.24) **	0.032	(4.90) ***	0.034	(5.24) ***
当期月收益（Return$_{i,t}$）	0.208	(11.42) ***	0.195	(10.47) ***	0.201	(11.19) ***
上月收益（Return$_{i,t-1}$）	0.126	(6.94) ***	0.128	(7.06) ***	0.135	(7.52) ***

变量	系数	T统计量	系数	T统计量	系数	T统计量
个股β（$\beta_{i,t}$）	−0.048	（−10.09）***	−0.049	（−10.65）***	−0.035	（−7.41）***
当期市场收益（$R_{m,t}$）	0.625	（17.47）***	0.640	（18.02）***	0.571	（16.18）***
上月市场收益（$R_{m,t-1}$）	−0.397	（−11.25）***	−0.393	（−11.17）***	−0.451	（−12.89）***
Adjusted R^2	0.299		0.295		0.308	
Durbin−Watson	1.743		1.735		1.758	
样本数	6,530		6,530		6,530	
一阶自相关	0.128		0.132		0.121	
最大方差膨胀因子（Max VIF）	3.02		3.03		3.02	

注：***，**和*分别表示0.01，0.05和0.1的显著性水平。

表3-3报告了回归结果。在第一个模型（第1—2列）中，融资交易排序采用融资余额比总交易额（MG bal./TRD ratio）的排名。其系数为正的（0.006），但在0.1水平上不显著。交互变量（MG × Post）的系数是负的（−0.056），且在0.01水平下显著，这与表中的回归结果一致，高融资交易股票在危机后价格延迟大幅下降。在公司控制变量中，价格、换手率、当前和滞后的股票收益与价格延迟呈正相关。总资产［Log（TA）］和股票风险系数（β）的回归系数为负，且在0.01水平下显著。当期市场回报$R_{m,t}$的系数为0.625，在0.01水平上显著，而滞后一期的市场回报$R_{m,t-1}$的系数为−0.379，在0.01水平上也显著。

在第二种模型中（中间两列），融资交易排序基于其为

MG/TRD 的等级分数，其回归系数为0.030，并在0.01水平上显著。交互变量的系数MG × Post为-0.054，且在0.01的水平下显著。所有控制变量的回归系数与第一个模型的结果类似。当融资交易的排名采用MG bal./TA来测量时（表3-3中最后两列）。自变量MG bal./TA和交互变量MG × Post的回归系数分别为0.036和-0.072，它们均在0.01水平下显著。所有控制变量的回归系数与其他两个模型的回归结果类似。

我们注意到一些控制变量可能存在着高度相关性。例如，股价与股票收益和市场回报相关。因此，我们使用不同的方法来检查可能的多重共线性。第一，我们检验每个回归中的方差膨胀因子（VIF），其最大值为3.03，小于10，表明多重共线性并不严重。第二，我们运行多次回归，一次仅包含一个可能相关的变量。融资交易变量的系数基本保持不变。第三，我们采用正交回归法，首先对包含公司控制变量的融资交易比率进行回归，然后利用回归中的残差代替基本模型中的融资交易比率，其结果与当前表中报告的结果一致。表3-3还报告了Durbin Watson 统计数据，范围从1.47到1.62，表明误差项的自相关较弱。

（三）股市崩盘前后上涨日与下跌日价格延迟的对比

之前的实证结果表明，股市崩盘前的价格延迟显著大于崩盘后，这很可能是Peng和Xiong（2006）所指出的两种信息偏差：投资者的过度自信以及在股市崩盘前对于公共信息的无视。相反，在股市崩盘后，受约束的投资者更倾向于关注整个市场的信息，而忽略公司特有的信息。然而，在不同的市场条件下，股票价格延迟的非对称效应是否存在尚不清楚。我们采用

Boehmer 和Wu（2013）的方法，分别估算股灾前后，市场上涨日和下跌日的价格延迟。为了估计市场下跌日的价格延迟，我们对不受限制模型（3.1）和受限模型（3.2）在进行了如下修改：

$$R_{j,t} = c_j + \beta_1 R_{m,t}^- + \sum_{\tau=1}^{\tau=4} \delta_j^{-\tau} R_{m,t-\tau}^- + \varepsilon_{j,t} \qquad (3.5)$$

$$R_{j,t} = d_j + \beta_1 R_{m,t}^- + \varepsilon_{j,t} \qquad (3.6)$$

其中：$R_{j,t}$ 和 $R_{m,t}^-$ 分别代表股市下跌日个股与市场回报率。若某一交易日的市场回报率为负，我们将其定义为下跌日。我们应用公式（3.5）和（3.6），并分别计算股灾前后，股市下跌日的股价延迟。同样，我们也计算了股市上涨日的股价延迟。

表3-4　不同市场条件下股票的价格延迟

		面板 A：股灾前不同融资交易组股票的价格延迟					
融资交易分组	上涨日 v.s.下跌日	月融资余额/月总交易额（MG bal./TRD）		月度净融资交易额/月总交易额（MG/TRD）		月融资余额/总资产（MG bal./TA）	
		均值	T统计量	均值	T统计量	均值	T统计量
低组	上涨日	0.36	16.24***	0.37	16.53***	0.26	16.14***
（n=157）	下跌日	0.43	18.59***	0.43	19.00***	0.31	18.00***
	上涨下跌日差异	0.07	2.33**	0.06	1.96**	0.06	2.37***
	（配对 T 检验）						
中间组	上涨日	0.38	26.24***	0.36	24.88***	0.38	25.77***
（n=313）	下跌日	0.44	28.79***	0.43	28.34***	0.46	30.63***
	上涨下跌日差异	0.06	2.79***	0.07	3.52***	0.08	3.88***

续　表

		月融资余额/月总交易额（MG bal./TRD）		月度净融资交易额/月总交易额（MG/TRD）		月融资余额/总资产（MG bal./TA）	
面板 A：股灾前不同融资交易组股票的价格延迟							
	（配对 *T* 检验）						
高组	上涨日	0.36	17.93***	0.38	19.58***	0.46	21.41***
（*n*=157）	下跌日	0.47	21.16***	0.48	21.30***	0.55	22.80***
	上涨下跌日差异	0.11	3.84***	0.09	3.16***	0.09	2.70***
	（配对 *T* 检验）						
高组-低组	高、低组差异	0.04	1.15	0.03	0.92	0.03	0.91
	（面板 *T* 检验）						

融资交易分组	上涨日v.s.下跌日	月融资余额/月总交易额（MG bal./TRD）		月度净融资交易额/月总交易额（MG/TRD）		月融资余额/总资产（MG bal./TA）	
面板 B：股灾后不同融资交易组股票的价格延迟							
		均值	*T* 统计量	均值	*T* 统计量	均值	*T* 统计量
低组	上涨日	0.18	17.41***	0.18	18.32***	0.17	18.44***
（*n*=157）	下跌日	0.18	12.34***	0.19	15.27***	0.16	14.02***
	上涨下跌日差异	0.00	0.11	0.01	0.78	−0.01	−0.47
	（配对 *T* 检验）						
中间组	上涨日	0.16	25.23***	0.17	23.94***	0.16	24.39***
（*n*=313）	下跌日	0.18	19.60***	0.19	17.85***	0.17	19.73***
	上涨下跌日差异	0.01	1.09	0.01	0.97	0.01	−1.07
	（配对 *T* 检验）						

续　表

面板 B：股灾后不同融资交易组股票的价格延迟						
融资交易分组	上涨日 v.s.下跌日	月融资余额/月总交易额（MG bal./TRD）		月度净融资交易额/月总交易额（MG/TRD）		月融资余额/总资产（MG bal./TA）	
		均值	T统计量	均值	T统计量	均值	T统计量
高组	上涨日	0.19	16.73***	0.16	17.40***	0.20	17.20***
（n=157）	下跌日	0.21	15.14***	0.18	15.34***	0.24	14.16***
	上涨下跌日差异	0.03	1.49	0.02	1.02	0.04	1.85*
	（配对 T检验）						
高组-低组	高、低组差异	0.02	1.29	0.00	0.20	0.04	2.33**
	（面板 T检验）						

注：股灾前时期为2014年12月1日至2015年5月31日，股灾后时期为2015年7月1日至12月31日。***，**和*分别表示0.01，0.05和0.1的显著性水平。

表3-4的面板A报告了股灾前的股市上涨日、下跌日的价格延迟的比较。对于低融资交易组（MG bal./TRD），股市上涨日、下跌日的平均价格延迟分别为0.36和0.43，其差异为0.07，在0.05水平下显著，这表明在股市下跌日的价格延迟要慢19.4%（0.43/0.36-1）。融资交易中间组（MG bal./TRD），其在股市上涨、下跌日的平均价格延迟分别为0.38和0.44，差异为0.06，在0.01水平上显著。而高融资交易组（MG bal./TRD），在股市上涨、下跌日的价格延迟分别为0.36和0.47。其差异为0.11，并在

0.01水平下显著，这表明股市下跌时，股票的价格延迟要慢大约30.6%（0.47/0.36-1）。融资交易高、低组（Diff 3-Diff 1）的价格延迟变化的差异是0.04（0.11-0.07），但在0.1水平下并不显著。当融资交易采用MG/TRD和MG bal./TA来分类，得到了类似的结果。高融资交易组在股市下跌日的价格延迟比上涨日大约慢26.3%（0.48/0.38-1）和19.6%（0.55/0.46-1）。

表3-4的面板B报告了股灾后股市上涨日、下跌日的价格延迟对比。如表3-2所述，在市场崩盘后，价格延迟要小得多。与危机前时期的结果形成鲜明对比的是，无论如何衡量融资融券交易，股市上涨日与下跌日之间的价格差异并不显著。此外，融资交易低组与高组之间的价格延迟也没有明显的差异。虽然文献表明坏消息传播缓慢（Hong，Lim，Stein，2000），但我们的证据表明，只有当市场情绪高涨时，坏消息才会传播缓慢。这些结果表明，过度自信的投资者高估了自己的信息和能力，忽视了股灾前的市场信息（Peng，Xiong，2006）。这也与Coulton，Dinh和Jackson（2016）的发现相一致，对于那些对市场运动更加敏感的公司来说，坏消息会更快地融入价格。

（四）投资者关注与价格同步性和市场信息敏感性的变化

为进一步验证市场崩溃会使投资者更加警惕，投资者的关注会影响市场效率。我们研究了股灾前后价格同步性和市场信息敏感性的变化。我们分别采用受限模型（3.2）中的$R_{r,t}^2$和β_0，来衡量价格同步性和市场信息敏感性。尽管$R_{i,r}^2$与价格延迟彼此相关，它们代表市场效率的两个不同方面。价格延迟测量的是当前市场信息纳入股票价格的速度，而$R_{i,r}^2$则刻画了公司特定信息或特殊风险多大程度上反映在股价上。正如Roll

（1988），DeLong 等（1990）以及 Morck，Yeung 和 Yu（2000）所指出的，越大的 $R_{i,r}^2$ 代表股票价格变化是同步的，并且更多（更少）的市场（公司特质）信息被纳入股票价格中。因此，这两种方法提供了关于投资者关注以及信息资本化和市场运动敏感性的额外信息。如表3-5所示。

表3-5 股价同步性和对市场信息敏感性

面板A：不同融资交易组股票的股价同步性（R^2）						
融资交易分组	时期	月融资余额/月总交易额（MG bal./TRD）		月度净融资交易额/月总交易额（MG/TRD）		月融资余额/总资产（MG bal./TA）	
		均值	T统计量	均值	T统计量	均值	T统计量
低组	股灾前	0.33	31.85***	0.33	29.16***	0.41	42.63***
（n=157）	股灾后	0.61	57.70***	0.61	53.87***	0.61	59.64***
	股灾前后差异	0.28	18.69***	0.27	16.98***	0.20	14.13***
中间组	股灾前	0.32	43.66***	0.33	45.45***	0.30	46.79***
（n=313）	股灾后	0.63	81.21***	0.62	80.55***	0.64	89.91***
	股灾前后差异	0.31	28.71***	0.29	27.87***	0.33	34.94***
高组	股灾前	0.31	29.59***	0.30	30.54***	0.27	26.82***
（n=157）	股灾后	0.62	58.75***	0.64	65.35***	0.60	48.77***
	股灾前后差异	0.31	20.99***	0.34	24.79***	0.33	21.03***
高组−低组	高、低组差异	0.03	1.64*	0.07	3.60***	0.13	6.93***
	（面板T检验）						
面板B：不同融资交易组股票的市场信息敏感性（β）						
低组	股灾前	0.98	42.59***	0.84	37.63***	1.02	56.51***
（n=157）	股灾后	1.36	59.11***	1.37	56.95***	1.30	53.05***

续　表

面板B：不同融资交易组股票的市场信息敏感性 （β）							
	股灾前后差异	0.38	11.55***	0.53	16.25***	0.28	9.25***
中间组	股灾前	0.84	59.86***	0.87	60.34***	0.79	56.01***
（n=313）	股灾后	1.40	82.95***	1.40	83.72***	1.43	94.77***
	股灾前后差异	0.56	25.68***	0.54	24.28***	0.64	30.76***
高组	股灾前	0.73	39.68***	0.82	35.30***	0.78	35.70***
（n=157）	股灾后	1.47	70.61***	1.46	71.25***	1.48	64.25***
	股灾前后差异	0.74	26.83***	0.64	20.84***	0.70	21.90***
高组-低组	高、低组差异	0.37	8.48***	0.11	2.38**	0.41	9.30***
	（面板T检验）						

注：股灾前时期为2014年12月1日至2015年5月31日，股灾后时期为2015年7月1日至2015年12月31日。***，**和*分别表示0.01，0.05和0.1的显著性水平。

表3-5的面板A报告了价格同步性的结果。低融资交易组（MG bal./TRD）的 $R_{i,r}^2$ 平均值在股灾前后分别为0.33和0.61，增加了85%。而融资交易中间组和高组的 $R_{i,r}^2$ 平均增加了0.31，对于中间组而言，增加了97%；对于高组，则增加了100%。融资交易高组与低组的 $R_{i,r}^2$ 增加值的差异为0.03（Diff 3-Diff 1），且在0.10水平下显著。采用MG/TRD作为分组标准，其回归结果与采用MG bal./TRD分类的结果类似。而采用MG bal./TA分组时，股灾前后，低融资交易组的 $R_{i,r}^2$ 的增加值为49%（0.61/0.41-1）；高融资交易组在股灾前后的 $R_{i,r}^2$ 的增加值约为122%（0.60/0.27-1）；高组与低组间的差异（Diff 3-Diff 1）为0.13，在0.01水平上显著。

　　表3-5的面板B汇报了对市场信息的敏感性的结果。很明显，市场崩盘后对市场波动的敏感性大幅上升，而且高融资交易股票的增长幅度要大得多。例如，股灾前后，低融资交易组（以MG bal./TRD为标准分类）的β平均值分别为0.98和1.36，增长了39%。融资交易中间、高组的β平均值0.56和0.74，增幅分别为67%和101%。融资交易低组与高组（Diff 3-Diff 1）之间的β值的增加差异为0.37，在经济和统计意义上均为0.01水平上显著。基于MG/TRD分类的回归结果与MG bal./TRD分类的结果是相似的。

　　这些结果揭示了投资者关注和交易行为的几个重要因素。第一，市场崩盘后的$R_{i,r}^2$较大，显示了较强的市场联动和投资者中普遍存在的羊群效应。这与Peng和Xiong（2006）的观点一致，即专注力有限的投资者倾向于将更多的注意力放在市场信息上，而不是特定于公司的信息。第二，$R_{i,r}^2$的大幅增加与价格延迟的显著下降揭示了投资者行为的戏剧性转变。第三，股市崩盘后，β变大表明在股市下降日，投资者对市场波动的敏感度高于市场上升日。第四，融资交易比率与$R_{i,r}^2$和β之间的正相关关系进一步表明，投资者过度自信会导致其对自身判断的过度依赖，而对市场信息的反应较差，这使得在市场崩溃前出现较长时间的价格延迟。这也与归因偏见文献的结论一致（Hastorf, Schneider, Polifka, 1970; Thaler, Johnson, 1990; Gervais, Odean, 2001; Abreu, Brunnermeier, 2002）。相比之下，在崩盘后，他们更加关注市场信息，从而导致了更强的市场联动。

五、稳健性检验

（一）保证金交易是否反映了知情交易者的信息或投资者的过度自信

本部分的一个假设是，融资融券交易反映了投资者的过度自信，这也导致了股市崩盘前股票的价格延迟较大。然而，保证金交易也可能反映了知情交易者的信息。如果市场崩溃前的价格延迟较大是由于市场人气高涨和投资者过度自信所驱动的，我们预计在高融资交易股票的异常回报（ARs）的下降幅度更大。相反，如果保证金交易反映了知情交易者的私人信息，那么高融资交易股票的价格下降幅度就会较小。我们通过对个股的市场模型进行时间序列回归来计算个股的异常回报（AR，以12个月为滚动窗口进行回归），采用个股t月的异常收益（AR_0）作为回归模型的截距。股票的累计异常收益（$CAR_{0,1}$）代表从t月到$t+1$月的收益，而t月到$t+2$月的累计异常收益为（$CAR_{0,2}$）。然后，我们比较了基于股市崩盘前不同融资交易组的异常收益（AR_0）和累计异常收益（CARs）。

表3-6　不同融资交易组股票的异常收益

面板A：不同融资交易组股票的月度异常收益（AR_0）							
融资交易分组	时期	月融资余额/月总交易额（MG bal./TRD）		月度净融资额/月总交易额（MG/TRD）		月融资余额/总资产（MG bal./TA）	
		均值	T统计量	均值	T统计量	均值	T统计量
低组	股灾前	2.79	7.73***	2.63	8.21***	0.84	3.58***
（n=157）	股灾后	1.94	6.06***	0.48	2.17***	0.82	3.67***

面板A：不同融资交易组股票的月度异常收益　（AR$_0$）						
融资交易分组	时期	月融资余额/月总交易额（MG bal./TRD）		月度净融资交易额/月总交易额（MG/TRD）		月融资余额/总资产（MG bal./TA）	
		均值	T统计量	均值	T统计量	均值	T统计量
	股灾前后差异	-0.85	-1.76*	-2.15	-5.53***	-0.03	0.08
中间组	股灾前	2.78	13.89***	2.70	12.63***	2.81	15.06***
（n=313）	股灾后	0.84	4.85***	1.15	5.95***	0.81	4.33***
	股灾前后差异	-1.94	-7.33***	-1.55	-5.37***	-2.00	-7.55***
高组	股灾前	3.23	14.18***	3.55	15.17***	5.11	17.02***
（n=157）	股灾后	0.53	2.35***	1.38	4.85***	1.71	5.79***
	股灾前后差异	-2.69	-8.36***	-2.18	-5.91***	-3.40	-8.08***
高组-低组	高、低组差异	-1.84	-4.16***	-0.02	-0.05	-3.37	-8.53***
	（面板T检验）						

面板B：不同融资交易组股票的月度累计异常收益　（CAR$_{0,1}$）						
融资交易分组	时期	月融资余额/月总交易额（MG bal./TRD）		月度净融资交易额/月总交易额（MG/TRD）		月融资余额/总资产（MG bal./TA）	
		均值	T统计量	均值	T统计量	均值	T统计量
低组	股灾前	5.95	8.23***	5.69	8.96***	2.04	4.15***
（n=157）	股灾后	3.80	5.94***	0.78	1.80*	1.48	3.42***
	股灾前后差异	-2.15	-2.23**	-4.91	-6.3***	-0.55	0.84
中间组	股灾前	5.92	14.60***	5.77	13.33***	6.03	16.06***
（n=313）	股灾后	1.51	4.45***	2.21	5.82***	1.47	4.03***
	股灾前后差异	-4.41	-8.35***	-3.57	-6.20***	-4.56	-8.70***
高组	股灾前	6.98	15.17***	7.53	15.79***	10.66	18.01***
（n=157）	股灾后	1.05	2.36***	2.67	4.74***	3.43	5.78***

续 表

面板B：不同融资交易组股票的月度累计异常收益（$CAR_{0,1}$）						
		月融资余额/月总交易额（MG bal./TRD）		月度净融资交易额/月总交易额（MG/TRD）		月融资余额/总资产（MG bal./TA）
融资交易分组	时期	均值	T统计量	均值	T统计量	均值	T统计量
	股灾前后差异	−5.93	−9.29***	−4.85	−6.57***	−7.23	−8.62***
高组−低组	高、低组差异	−3.78	−4.43***	0.05	0.06	−6.68	−8.34***
	（面板T检验）						

面板C：不同融资交易组股票的月度累计异常收益（$CAR_{0,2}$）						
融资交易分组	时期	月融资余额/月总交易额（MG bal./TRD）		月度净融资交易额/月总交易额（MG/TRD）		月融资余额/总资产（MG bal./TA）
		均值	T统计量	均值	T统计量	均值	T统计量
低组	股灾前	9.35	8.38***	8.59	9.18***	3.31	4.47***
（n=157）	股灾后	5.54	5.78***	1.20	1.83*	1.94	3.08***
	股灾前后差异	−3.81	−2.59***	−7.39	−6.47***	−1.37	−1.41
中间组	股灾前	9.04	14.81***	8.95	13.53***	9.23	16.19***
（n=313）	股灾后	2.22	4.50***	3.28	5.91***	2.26	4.20***
	股灾前后差异	−6.82	−8.69***	−5.67	−6.58***	−6.97	−8.90***
高组	股灾前	10.57	15.28***	11.51	15.32***	16.25	17.74***
（n=157）	股灾后	1.89	2.88***	4.13	4.95***	5.43	6.14***
	股灾前后差异	−8.68	−9.11***	−7.39	−6.58***	−10.82	−8.50***
高组−低组	高、低组差异	−4.87	−4.03***	0.00	0.00	−9.45	−8.14***
	（面板T检验）						

注：股灾前时期为2014年12月1日至2015年5月31日，股灾后时期为2015年7月1日至12月31日。***，**和*分别表示0.01，0.05和0.1的显著性水平。

表3-6的面板A报告了个股异常收益（AR_0）的结果。对于低融资交易组（以MG bal./TRD为标准），在股市崩盘前后，个股异常收益（AR_0）的平均值分别为2.79%和1.94%，下降了0.85%，并在0.1置信水平下显著。对于融资交易中、高组，个股异常收益（AR_0）的下降率分别为-1.94%和-2.69%，两者均在0.01置信水平下显著。此外，融资交易低组与高组之间的差异为-1.84%，在0.01水平下显著。当采用MG/TRD分组时，融资交易低、高组的个股异常 收益（AR_0）的下降分别为-2.15%和-2.18%，两者在0.01水平下均显著，但低组和高组之间的差异并不显著。采用MG bal./TA分组时，融资交易低组的异常收益（AR_0）的下降幅度为-0.03%，但不显著。然而，融资交易中、高组的异常收益（AR_0）下降幅度，分别为-2.0%和-3.40%，两者在0.01水平下均显著。此外，融资交易低组和高组（Diff 3-Diff 1）之间的异常收益下降幅度的差异为-3.37%，在0.01置信水平上显著。

表3-6中的面板B和C分别报告了累计异常收益$CAR_{0,1}$和$CAR_{0,2}$的变化。在危机后，个股的累计异常收益CARs比危机前显著下降，而高融资交易组的降幅最大，尤其是在以MG bal./TRD和MG bal/TA比率为基准分类时。例如，融资交易低、高组（以MG bal./TRD分类）的$CAR_{0,1}$的下降，分别为-2.15%和-5.93%，低组和高组之间的差异为-3.78%，在经济上和统计上都是显著的。当以MG bal./TA为标准分组时，低、中、高组的累计异常收益$CAR_{0,1}$的降幅分别为-0.55%，-4.56%，-7.23%。低组与高组的差异为-6.68%，在0.01置信水平下显著。（$CAR_{0,2}$）的变化模式与$CAR_{0,1}$相似，融资交易低组与高组的累计异常收益变化（$CAR_{0,2}$）的差异是-9.45%。

为了研究异常收益的下降是否是由公司基本面变化引起

的，还是由于投资者过度自信所导致的，我们进行了以下回归：

$$\Delta AR_i (\Delta CAR_i) = d_0 + d_1 MG\ Rank_i + d_{2-6} (\Delta Control\ Vars) + \varepsilon_{i,t}$$

$$(3.7)$$

其中：因变量是异常收益（AR_0）的变化（或者是累计异常收益$CAR_{0,1}$和$CAR_{0,2}$的变化）。自变量包括融资交易的值，它的值为1、2、或3，代表在股市崩盘前的股票融资交易从低到高排序（各1/3）。融资交易比率分别用MG bal./TRD，MG/TRD，MG bal./TA进行分类。其他自变量是代表公司特征的控制变量，包括每股收益的变化（ΔEPS），资产负债率的变化（$\Delta D/TA$）、赫芬代尔指数10大股东的变化（ΔHHI_Top10），周转率的变化（Δ营业额），和股票β值的变化（$\Delta\beta$）。

表3-7　股票异常收益与融资交易的回归结果

面板A：因变量为异常收益（AR_0）在股灾前后的变化						
变量	系数	T统计量	系数	T统计量	系数	T统计量
截距	0.698	(1.47)	−0.464	(−0.97)	2.087	(4.51) ***
月融资余额/月总交易额	−0.574	(−2.53) **				
月度净融资交易额/月总交易额			0.085	(0.41)		
月融资余额/总资产					−1.382	(−6.20) ***
Adjusted R^2	0.102		0.093		0.146	

面板A：因变量为异常收益（AR_0）在股灾前后的变化					
变量	系数	T 统计量	系数	T 统计量	系数	T 统计量
样本	627		627		627	
最大方差膨胀因子	1.23		1.25		1.23	

面板B：因变量为异常收益（$CAR_{0,1}$）在股灾前后的变化					
截距	1.041	(1.13)	−1.337	(−1.45)	3.629	(4.04) ***
月融资余额/月总交易额	−1.098	(−2.50) **				
月度净融资交易额/月总交易额			0.246	(0.60)		
月融资余额/总资产					−2.602	(−6.01)***
Adjusted R^2	0.1202		0.1119		0.1602	
最大方差膨胀因子	1.23		1.23		1.15	

面板C：因变量为异常收益（$CAR_{0,2}$）在股灾前后的变化					
截距	0.458	(0.35)	−2.289	(−1.75)*	4.587	(3.60)***
月融资余额/月总交易额	−1.239	(−1.99) **				
月度净融资交易额/月总交易额			0.311	(0.54)		
月融资余额/总资产					−3.635	(−5.92)***
Adjusted R^2	0.120		0.115		0.162	
最大方差膨胀因子	1.23		1.15		1.23	

注：受篇幅所限，控制变量的系数 Δ EPS、Δ D/TA、Δ HHI_Top10、Δ 营业额、和 $\Delta\beta$ 没有在表中呈现。股灾前时期为2014年12月1日至2015年5月31日，股灾后时期为2015年7月1日至12月31日。***，**和*分别表示0.01，0.05和0.1的显著性水平。

表3-7的面板A报告了异常收益（AR_0）变化的回归结果。前两列，融资交易排序（以MG bal./TRD为标准）的系数为-0.574，在为0.05水平上显著，这说明高融资交易股票的异常收益经历了显著的大幅下跌，证实了表3-6所报告的结果。表3-7的中间两列，以MG/TRD为融资交易分类标准时，其系数不显著。而MG bal./TA的系数为-1.382，在0.01水平上显著。表3-7的面板B报告了股票异常收益（$CAR_{0,1}$）变化的回归结果。融资交易排名（以MG bal./TRD和MG bal./TA）的系数，分别为-1.098和-2.602，它们分别在0.05和0.01置信水平上显著；而MG/TRD的系数不显著。面板C中汇报了（$CAR_{0,2}$）的回归结果，融资交易排名（分别采用MG bal./TRD和MG bal./TA进行分类）的系数，分别为-1.239和-3.635，它们分别在0.05和0.01置信水平下显著。在所有的控制变量中，只有$\Delta\beta$的系数保持为负，且在0.01水平下显著。受篇幅所限，控制变量的系数没有报告。

综上所述，单变量模型和多元回归模型都表明，崩盘前的高融资交易股票，在股市崩溃后的异常收益会出现更大的下降，而这种下降不太可能是由于同期公司基本面的变化所造成的。这一证据也表明，保证金交易不太可能反映知情交易者的信息。

（二）保证金交易能预测价格还是使价格不稳定

如果保证金交易反映的是投资者的情绪，而不是知情的交易员的信息，那么在股市极端上涨日，预计会有更多的融资交易，而在股市极端下跌日，则预期会有更少的融资交易或更多的融券交易。相反，如果保证金交易是基于他们的私人信息进行交易，他们就会买入（卖出）被低估的（高价）股票。因此，预计在股市大幅下跌日里会有更多的保证金交易，在股市极端上涨日，则预计有更少的保证金交易，尤其是当这些极端的交易日短暂时。我们定义一个交易日为一个极端上涨日，如果个股当日回报（R_t）等于或大于7%（$R_t \geqslant 7\%$）或者等于或大于2倍的标准差（$R_t \geqslant 2\delta$），基准期从股灾前：2013年12月到2014年11月，这12个月的每日回报。同理，交易日被定义为一个极端下跌日，如果每日个股的当日回报等于或小于-7%（$R_t \leqslant -7\%$）或$R_t \leqslant 2\delta$。为了减少各极端交易日之间可能的交叉影响，我们要求极端交易日需间隔9个交易日以上。

表3-8的面板A报告了极端上涨日的保证金交易情况，同时，不限定$t+1$日的交易状况。显然，在股市崩溃前的极端上涨日，保证金交易非常高。保证金交易［MG/TRD：净保证金交易额与每日总交易额（剔除保证金交易）］的均值（中值）为2.40（1.67），而在股灾后，其值分别为2.11（1.25）。与此形成鲜明对比的是，在股灾前的极端下跌日，保证金交易比率的均值（中值）为-0.29（-0.23），而股灾后的极端下跌日则为-1.64（-1.25）。净保证金交易比率为负表明，保证金交易者在股市下跌日清空了他们的保证金头寸。此外，对比股灾前后，在股市上涨日，其保证金交易比率的差异并不显著，但股市下跌日的保证金交易比率在股灾前后的差异则为显著，这表明在崩盘后，保证金交易者对负面信息更加敏感。作为额外的证据，图3-3显示了每日净保证金交易的中值，在极端交易日前10天（$t-10$，$t-1$）和后10天（$t+1$，$t+10$）的情况。

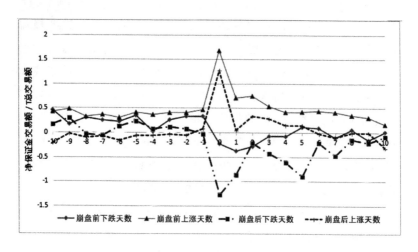

图3-3 极端交易日前后保证金交易情况

注：股灾前时期为2014年12月1日至2015年5月31日，股灾后时期为2015年7月1日至12月31日。

采用Boehmer和Wu（2013）相同的方法，我们将极端交易日后的一个交易日划分为四个类型：一是延续，二是小幅反转，三是大幅反转，四是超调，这取决于$t+1$股市的情况。具体而言，延续是指：$t+1$日的股票回报率在极端下跌日持续为负。小幅反转是指在极端下跌日后，股票$t+1$日的收盘价大于t日收盘价，但逆转幅度小于20%。即：$P_t < P_{t+1} \leq P_t + 0.2 \times (P_{t-1} - P_t)$。大幅反转是指：如果$t+1$日的股票回报率超过其下跌日的20%以上，但$t+1$日的收盘价仍低于或等于$t-1$日的收盘价，即：$P_t + 0.2 \times (P_{t-1} - P_t) < P_{t+1} \leq P_{t-1}$。超调是指$t+1$日的收盘价超过了$t-1$日的收盘价，即：$P_{t+1} > P_{t-1}$。类似的，在一个极端上涨日$t$后，延续是指：其$t+1$日的股票回报率是非负的。小幅反转是指：股价比上一交易日的回报率低于20%，即：$P_t - 0.2 \times (P_t - P_{t-1}) \leq$

$P_{t+1}<P_{t-1}$。大幅反转是指超过上移交易日20%的反转，但仍然高于$t-1$日的收盘价，$P_{t-1}\leqslant P_{t+1}<P_t-0.2\times (P_t-P_{t-1})$。超调是指，在极端上涨日后，$t+1$日的收盘价低于$t-1$日的收盘价，即：$P_{t+1}<P_{t-1}$。

表3-8　极端交易日的净融资交易情况

面板A：不限定$t+1$交易日状况下，极端交易日t融资交易（MG/TRD）情况								
极端交易日 (t)	股灾前时期				股灾后时期			
	数量	均值	中值	T统计量	数量	均值	中值	T统计量
极端下跌日	1086	−0.29	−0.23	−3.35***	1979	−1.64	−1.25	−25.22***
极端上涨日	2750	2.40	1.67	29.81***	1631	2.11	1.25	20.21***
面板t检验：下跌日vs上涨日	−2.69			−19.33***	−3.76			−31.5***

面板B：股灾前，限定$t+1$交易日状况下，极端交易日t融资交易（MG/TRD）情况								
$t+1$交易日状况	极端下跌日				极端上涨日			
	数量	均值	中值	T统计量	数量	均值	中值	T统计量
小幅反转	236	−0.36	−0.24	−1.89*	418	3.00	2.08	13.26***
大幅反转	413	−0.26	−0.26	−1.95**	616	2.72	1.98	16.46***
超调	19	0.63	0.99	1.11	66	2.55	1.57	5.48***
延续	418	−0.32	−0.12	−2.22**	1650	2.12	1.47	20.75***
面板T检验：超调vs延续	0.95			1.39	0.42			0.84

续　表

面板C：股灾后，限定t+1交易日状况下，极端交易日t融资交易 (MG/TRD) 情况							
t+1交易日状况	极端下跌日				极端上涨日		
	数量	均值	中值	T统计量	数量	均值	中值	T统计量
小幅反转	327	−1.54	−1.13	−11.15***	241	2.45	1.45	7.88***
大幅反转	664	−1.22	−0.80	−9.88***	449	2.06	1.15	11.38***
超调	41	−1.27	−1.49	−2.68***	68	1.00	1.12	1.95*
延续	947	−1.99	−1.58	−22.13***	873	2.13	1.27	14.92***
面板T检验：超调vs延续	0.73			1.64*	−1.14			−2.14**

注：面板A报告了$t+1$交易日状况下，不限定极端交易日融资交易 (MG/TRD) 的情况，面板B、C分别报告了股灾前、后，在限定$t+1$交易日状况下，极端交易日融资交易的情况。***，**和*分别表示0.01，0.05和0.1的显著性水平。

表3-8中，面板B显示了在股市崩溃前的每日净融资交易与对总交易额的比率。在极端下跌日后$t+1$交易日，出现小幅反转、大幅反转和延续情况，其对应的保证金交易比率的均值分别为：−0.36，−0.26，和−0.32，它们分别在0.05或0.1置信水平下显著。而当股市出现超调时，净保证金交易与总交易额的比率为0.64，但不显著。与之形成鲜明对比的是，在极端上涨日后，不论$t+1$日出现何种情况，净融资交易与总交易额比率的均值不仅为正，而且较大，分别为2.12（对应$t+1$日为延续情况），3.0（对应$t+1$日为小幅反转情况）。面板C报告在市场崩溃后净融资交易与总交易比率的情况。在极端下跌日后，无论$t+1$交易

日出现何种情况，所有的比率为负，且在0.01置信水平下显著。在崩盘前的下跌日相比，净融资交易与总交易比率不仅为负，且其值较大。当t+1日出现大幅反转时，其值为-1.22；而当次日为延续情况时，其值为-1.99。在极端上涨日，所有融资交易比率均为正，且在0.1置信水平下显著，其幅度与股市崩溃前的极端上涨日类似。

这些结果表明，保证金交易者在市场中扮演着金字塔和去金字塔交易的角色。他们在极端上涨日大幅增加保证金交易，并在极端下跌日降低他们的保证金头寸。更重要的是，股市下跌时，保证金交易者对坏消息更为敏感，这一点可以从熊市中极端低迷时期的显著为负的融资交易与总交易额比率来证明。这一额外证据驳斥了保证金交易反映了知情交易者的私人信息的观点。

六、结论与展望

我们采用一个独特的样本与一个特殊的事件来检验投资者的注意力和过度自信对市场效率的影响。我们发现，在股市崩盘前的价格延迟大约是后崩盘时期的两倍。对于高融资交易的股票来说，崩盘后的价格下跌幅度要大得多。这一结果表明，由于归因和确认偏差，投资者过度自信阻碍了市场反弹的价格发现。市场危机之后，投资者变得更加敏感，对负面的信息更强烈。股灾前，股市下跌日的价格延迟比上涨日大得多，但在股灾后，价格延迟的差异则并不明显。这表明，只有当市场情绪高涨时，坏消息才传播缓慢。在极端上涨日后，融资交易大幅上升，与极端下跌日后，融资交易大幅下降；这表明保证金交易者采用动量交易策略，这对于股票市场产生了额外的影响。

鉴于这些新发现，有几个重要问题值得进一步研究。中国市场以普遍的投资者羊群效应而闻名，并受到谣言和投资者情绪的驱动（Kang et al.，2002），那么研究其他国家的股票市场是否也存在类似的金字塔和去金字塔交易模式，将是一件有趣的事情。Baker、Wurgler和Yuan（2012）指出：市场情绪蔓延，影响全球股市。那么，研究市场情绪是否会从新兴市场蔓延到更成熟的市场，将是一件有趣的事情。同样，Benhabit，Liu和Wang（2016）表明投资者对同步的感知可以导致实际的同步，那么研究跨国的领先–滞后效应将是有益的。

第四部分 投资者网络搜索、过度自信与股票定价

一、研究背景、目的

（一）研究背景

有效市场假说（EMH）认为，与股价相关的信息能够及时、充分地反映到价格中，因此，标准的资产定价模型能够提供资产价值的最优可能估计。然而，信息的吸收和消化实际上需要投资者密切关注、处理，再将信息融入投资决策中，但投资者的时间、精力有限，无法及时、完全地吸收和消化海量信息。面对证券市场上数量庞大的上市公司，投资者的关注是有限的，只有被投资者关注到的信息才可能通过投资者的交易行为反映到资产价格中。因此，投资者关注是市场反应的前提条件，并对资产定价起到重要的作用。

而有限关注是行为金融的一个核心概念，该理论认为，由于时间和精力的限制，投资者往往不能及时地获取，并充分地理解市场上的信息。个体只会对关注的信息加以分析和判断，调整自己的投资行为，从而导致异常收益的发生。只有投资者

关注的信息才能对市场产生影响，因此一个合适的代表投资者关注度的指标，在很大程度上能够预测股票市场上的定价。

近年来，学者们相继提出了多种外部指标来间接衡量投资者关注度，如广告费用、新闻媒体报道、涨停事件、股票交易量等，如今搜索引擎成为人们在日常生活中获取海量信息资源时使用的最常见的渠道。网民的搜索数据便是一种对网民搜索行为的最直接的客观证据，网民搜索需求通过此数据得到了客观反映，而在一定程度上网民的关注重点和方向也被搜索需求反映了。因此，搜索数据可以看成是一种对网民在现实生活中的行为所做出的映射，正是由于具有这一特性，目前研究大数据的流行方向之一便是研究由搜索行为产生的搜索数据。

（二）研究意义及创新

1.研究意义

有效市场假说认为，与股票相关的信息能够及时、充分地反映到股价中，因此，标准的资产定价模型能够提供资产价值的最优可能估计。为获得长期收益率，投资者需要对市场上的信息进行浏览，在此基础上筛选出有价值的信息，以此提炼出有价值的投资信息并做出投资决策。投资决策的信息收集工作是一项长期的准备工作，需要投资者大量的时间以及充足的关注度，并对一些具有吸引力且关乎自身投资收益的信息加以整理和投资分析。最终，其投资结果将影响股票的市场价格，使个股收益率与股市收益率有所偏差。

将投资者行为与资产定价相结合的研究目前在我国还只是处在一个探索的阶段，只有少数的研究中引入了百度指数作为关注度的代理变量，来分析关注度对股市表现的作用机制。权小峰（2012）在研究中国股票市场投资者选择性关注对股票市场异象影响效果时，发现投资者关注对股票横截面收益的影响在统计上显著，说明股市上存在明显的鸵鸟效应，进一步加强了"投资者关注"假说。隋岩（2015）认为，互联网群体传播时代，媒介成为资源配置的重要环节；张雅慧（2011）、石勇（2017）、王建新（2015）等人则从社交媒体的角度出发，研究了媒体关注度对于股票市场的影响；众多研究结果都表明，投资者关注能对股票市场产生影响，因此，一个合适的投资者关注度的代理变量，在很大程度上能够预测股票市场上的定价。基于互联网的广泛覆盖率和使用率，本部分从讨论关注量这一独特的视角，对我国投资者关注度进行了广泛的捕捉和精确的衡量，有助于丰富和发展行为金融学。

对于上市公司而言，掌握投资者关注的兴趣十分重要，因为这有助于他们更好地了解投资者可能做出的行为，并在此基础上对其投资者关系进行更好的管理。例如，研究投资者关注可以使其对不同时间投资者关注度的强弱有更好地了解和把握，从而可以在合适的时机发布合适的消息。

对于个人投资者而言，本书具有一定的指导意义。投资者获取信息的渠道通常是有限的，对股票乃至市场的分析能力通常也是有限的，这种情况对于我国投资者尤其是个体投资者来说尤为明显，也因此导致了他们通常缺乏对股票基本面的判断，容易受舆论引导以及跟风和炒作的影响，从而做出错误的投资决策。希望通过本书能够帮助投资者更好地认识其自身对市场的影响，从而改进其投资决策，实现其投资目标。

对于政府及监管当局而言，掌握市场中投资者关注的兴趣也十分重要，因为投资者普遍对某一事件或行为的关注就表明了该事件或行为是一种市场关注的热点，掌握市场中这些受投资者关注的热点，有利于对市场及投资者进行更好的监管，促进我国金融市场的发展和完善。

2.贡献与创新

近年来，学者们相继提出了多种外部指标来间接衡量投资者关注度，如广告费用、新闻媒体报道、涨停事件、股票交易量等，现如今搜索引擎成为人们在日常生活中获取海量信息资源时使用的最常见的渠道。搜索数据可以看成是一种对网民在现实生活中的行为所做出的映射，正是由于具有这一特性，目前研究大数据的流行方向之一便是研究由搜索行为产生的搜索数据。国内已有学者运用搜索数据进行宏观、微观的研究，袁铭（2015）、徐映梅（2017）研究了网络搜索与CPI之间的预测关系，董倩（2014）基于网络搜索数据对房地产价格进行预测。赵龙凯（2013）、张谊浩（2014）通过研究发现，网络搜索相对于其他指标，对股票市场有更好的解释力，本书从Wind数据库下载雪球网中的相关数据，并以此数据构建网络搜索质量因子。同时，以2005年至2019年间沪深300成分股除去金融类上市公司及数据缺失较多的公司为样本，构建股价特质性波动指标、股价同步性指标，并通过一系列假设和计量模型，探究网络搜索对股价信息含量及股价同步性之间的关系。

本部分的主要贡献和创新体现在以下三个方面：一是选取雪球网与Wind数据库合作得到的雪球网数据作为网络搜索数据，通过雪球数据构建了网络搜索质量因子，实证检验了网络搜索行为能够缓解股票市场中的信息不对称问题，且网络搜索信息质量与个股股价同步性之间呈非线性的U形关系。二是选取国泰安的分析师预测特色指标数据，研究分析师预测数据与网络搜索交互作用对股票特质性波动及股价同步性的影响，得出了分析师数据通过网络搜索行为进入股票市场，进而缓解股票市场中信息不对称的问题。三是基于Swarm平台构建了一个包含投资者过度自信变量的人工股票市场模型，这种金融实验的方法是对现有实证方法的一种有益的补充。

二、文献回顾

(一) 信息不对称对股票市场影响的研究

在股票市场上，由于存在信息不对称问题，股票市场总是处于噪声交易当中。Black（1986）认为，基于投资主体的预期偏差，投资交易为股票市场提供流动性的同时，也为股价带来了一定的泡沫。当投资者对个股的投资决策并非建立在完备信息上，股价不再是股票内在价值的市场表现，投资者将因为股票内在价值与市场表现之间的偏差而获取异常收益率。但是，获取异常收益率仅是投资的一种结果，而导致股票价格与其内在价值的不一致的深层次原因是什么？吴世农（2002）对股价泡沫的定义则揭示了信息不对称是造成股市泡沫的原因。Admihud 和 Mendenlson（1989）指出，高关注度能够降低股票市场的信息不对称问题，对于上市公司信息披露的多寡研究中，Morck 等（2000）认为反映了股价中特质性信息含量的高低，Durnev 等（2003）发现越低的公司，其当期股票收益率与未来盈余之间存在显著相关性。

王亚平等（2009）发现信息透明度与股价同步性之间呈正向关系。蔡尚高（2019）指出在中国股票市场中，信息获取会成为股票交易获利的决定因素，投资者在"无消息"情况下会倾向卖出股票以避免损失，即所谓的"无消息即坏消息"。投资者掌握公司信息的多少则决定了其在投资活动中的获益情况，因此，正确衡量投资者对于公司信息的掌握程度或公司信息的披露程度能够提高投资者的投资收益率。吴璇（2017）在研究网络舆情对股票流动性的影响时，选取公司股票日收益数据经CAPM模型得到的回归残差项标准差作为股价特质波动性的代理变量。苏冬蔚（2013）发现，上市公司的股票流动性与股价信息含量之间有所联系。王耀君（2019）发现，相对媒体关注度的增加而言，基于360指数得到的投资者网络搜索量的增加能够降低股票市场上信息不对称程度。

由于信息不对称问题的存在，投资者不能获取所有的公司信息，而被投资者关注到的信息将对股票市场有重要的解释作用，因此，众多学者对投资者关注与股票市场进行了多方面的研究。在衡量投资者有限关注方面，目前学术界尚无统一的标准，但多数是采用引起投资者广泛关注的事件名或者特定信息作为投资者有限关注的代理变量。Chan用含有公司名称的新闻标题数作为衡量媒体关注度的代理变量，胡军（2015）从开通微博的角度，得到了开通微博的公司股价同步性更低，并且公司特质性信息的多寡会导致R^2的差异。

在资本市场的信息传播中，除投资者这个参与主体外，分析师对于环节信息不对称也起着重要的作用。庞晓波（2011）研究发现，分析师能够在一定程度上有效解读财务报告中传达的资本市场信息。冯旭南（2014）发现信息更容易从高分析跟进的公司溢价出低分析师跟进的公司，从而引起股价联动。李洋（2019）研究发现，分析师预告中含有投资者不知情的信息，分析师预告能够缓解信息不对称问题。基于分析师的专业性，其获取及分析信息的能力相对个股投资者更胜一筹，其预测数据是缓解信息不对称的有利信息。分析师数据一经发布，便会在网络上以各种渠道传播，投资者网络搜索便会与其交叉融合，最终分析师数据进入投资者的决策信息收集中，因此，分析师数据与网络搜索的交互作用对于股票市场表现也应具有一定的解释力。

（二）基于网络搜索的投资研究现状

搜索引擎的发展为经济学、社会学等学科的预测研究开辟了新的领域。关键词与外部环境之间的联系成为了众多学者进行预测研究的一种方法。并且在2009年引起了广泛的关注。Vosen 和 Schmidt（2011）将搜索量数据用于私人消费预测，结果显示，与基于消费者信心指数的模型相比，基于搜索量的模型具有更优的样本内外预测精度，而对关键词类别经过适当筛选后可以进一步提高预测精度。李凤岐（2017）提出了PS（Predictable Searchs）方法，自动挖掘百度搜索查询数据与经济指标间的关系，不仅消除了同类方法中领域专家知识的成本代价，同时提升了对经济指标的预测效果，并揭示了不同种类的搜索查询数据预测经济指标的能力，有利于指导经济活动的健康进行。

张永杰等（2011）对网络公开信息进行了考察，发现了网络公开信息对股票市场收益率有一定的解释能力。宋双杰（2011）将股票检索的百度搜索量作为投资者关注度用于研究股票IPO市场异象和股票收益率，其研究肯定了关键词的搜索强度对收益率以及长期表现的解释和预测能力。杨欣（2013）以"甬温线特别重大铁路交通事故"为研究对象，分析动车事故对中国动车概念版股市的影响强度，最终，模型拟合优度高达0.888，表明搜索数据可以准确、及时刻画动车事故对相关板块股市波动的影响。王永杰（2017）运用BP神经网络算法和SVM支持向量计算法对国内GDP增长率和CPI指数进行了预测实验。罗鹏，陈义国，许传华（2018）在建立金融风险预测模型时包含了百度搜索大数据，发现了百度搜索大数据的风险预测模型的准确性有所提高。蒲东齐等（2018）以百度搜索指数为样本数据与房地产相关的搜索词汇对商品房的价格进行了短期预测。庄虹莉（2017）以百度搜索引擎上的关键词指数为数据基础，选取了14个关键词作为解释变量指标，再建立基于惩罚函数的变量选择对福州市商品房价格指数进行了预测。

卫强（2016）通过研究相关股票搜索量变动与目标股票价格走势的关系模型，发现利用搜索量与目标股票价格之间的关系，可以获得显著性的收益。白丽娟、闫相斌、金家华（2015）等人将Google Trend关键词关注指数加入回归预测模型中，探讨了搜索行为和商品房价格决定机制的理论，实证研究显示，这一改进可以提高对商品房价格指数的预测能力。徐映梅、高一铭（2017）提出，构建CPI低频与高频舆情指数的统计方法，验证且得出了基于互联网大数据构建的CPI舆情指数对于辅助预测CPI是有效的。林勇（2018）则将网络搜索数据加入到传统的CPI预测模型中，得出在CPI出现拐点的时期，网络搜索行为能提升CPI的预测效果。原东良（2017）利用百度、微博、微信和微舆情提供的互联网数据，构建了投资者关注度指标，实证检验互联网关注度对雄安新区概念股版块及某个股市表现的影响，结果表明，雄安新区的设立对雄安新区概念股市场表现有正向促进作用，关注度越高，股票收益率越高。

Nadia Vozlyublennaia（2014）以谷歌搜索频率为指标研究了市场投资和投资者关注度之间的关系，结果发现可以通过互联网搜索数据提高投资者的关注度，从而提高市场的效率。Rong D（2014）以谷歌搜索频率指数为指标，研究了投资者与股市流动性的关系，结果发现谷歌搜索频率指数能够明显地扩大股票的持有率，从而提高股市的流动性。Ying Liu（2015）采用复合检索指数为度量指标，对网络搜索数据进行处理，然后进行股票趋势的预测，结果发现用这种方法得到的预测模型比单一的检索指标得到的结果更有效。Fumiko Takeda（2014）以谷歌在线搜索频率为指标，研究了日本股市收益率和投资者交易行为的关系，结果显示在线搜索率与交易量和市场收益率成正相关，但是交易量提高股票价格的可能性并不高。Alain Hamid（2015）利用网络搜索数据建立相关模型研究谷歌趋势对投资风险的预测能力，结果表明该模型在价值和风险预测中有突出的优势，特别是小额投资的风险评价其效果更明显。

王勇（2015）通过对和讯关注度的实证研究发现股市存在机构投资者等利用注意力的购买行为获取利益。张清洋（2018）通过爬虫技术抓取中证500指数500个成分股的股票简称及股票代码，进而研究了小盘股市表现及对应百度指数的关系。王耀君（2018）基于股票的交易数据及对应的网络搜索数据对股票市场的收益率、流动性以及波动性进行了研究，研究发现，股票关注度的增加，会伴随着股票市场的流动性和收益率的提高，但是这一结论在波动率上并未得到一致的结论。

（三）投资者有限关注对股票市场影响的研究现状

金融理论研究中，投资者的关注可以分为关注和有限关注，有限关注指由于投资者时间、精力有限，不能考虑所有的股票，只能关注部分有兴趣的股票，因此造成了暂时性股票定价偏差的情况。有效市场假说是由Fama（1970）首先提出的，这个假说认为，证券市场上充斥着大量的信息，而股票价格会充分反映市场上的信息。但是信息只有被投资者关注，投资者才会通过做出决策的方式对股票价格造成影响。投资者的关注很难被直接衡量。传统的投资者关注代理变量主要是超额收益、换手率、交易量、媒体报道和广告支出等。

Kahnemant（1973）最先提出"有限关注"这个稀缺资源的概念，并指出该资源会对投资者决策产生巨大的影响。国内学者李小晗（2011）发现，当投资者关注度不足时，对信息的即时解读效率降低，解读滞后增加；反之，当关注程度增加时，即时解读效率提高，解读滞后减少。投资者关注程度所影响的仅是信息传播和解读的效率，从长期来看，不会影响信息传播和解读的效果。另外，投资者关注在股票周期的不同阶段会出现有差异的波动，与熊市阶段相比，关注程度对于信息解读的影响作用在牛市阶段会得到进一步放大。

1.投资者有限关注和不同类型的市场参与者

对于不同的市场参与者，其关注的有限性会产生很大的不同，一个很自然的假设就是身处信息劣势的市场参与者，其对信息的关注就极为有限，很多学者也从研究中证实了这一假设。Hirshleifer 和 Teoh（2003）检验了在进行资产投资买卖时，个体投资者更容易忽视整体投资组合，而主要的原因就是个体投资者相比机构投资者，其获取、处理信息的能力都受到了局限。Barber 和 Odean（2008）发现个人投资者倾向于过度交易，他们是高关注度股票的"净买入者"，但是这些股票后期的表现弱于大盘。

关注度的问题在机构投资者中仍旧存在。Kacperczyk 等（2013）和 Fangde 等（2014）的研究显示，基金经理同样表现出有限关注。Gupt Mukherjee 和 Pareek（2013）发现基金业绩与基金经理有限的关注度资源的分配效率正相关。许柳英（2005）考察了新闻报道对股票买入的影响，发现小投资者更倾向于买入引起他们注意的股票，中大类型投资者没有明显与注意力相关的买入行为，机构投资者则表现出了与公众注意力相关的策略性行为。Corwin和Coughenour（2008）发现，"尽管在其他领域已经证实了关注度的影响，但其对金融市场的影响作用最近才受到研究者的关注。"随着行为金融学的发展，投资者关注度和相关的概念不仅是一个影响人们决策行为的重要因素，而且会对市场均衡收益造成重要影响，成为了金融资产研究领域的一个热点问题。

2.投资者有限关注和股票市场表现

在大多数学者认同了谷歌搜索指数作为投资者关注度的衡量指标后，开始有专家学者将焦点聚集到投资者有限关注度对股票市场的影响。Della Vigna（2009）发现，有限关注可以解释金融市场上很多"异象"问题，Della（2009）对股价与投资者关注之间的相关性做出了探索。结果发现，投资者的关注是有限的，在星期五这一天表现得更为明显。李小晗（2009）通过不同周历阶段研究了投资者有限关注对信息解读效率的影响。张雅慧等（2010）的研究证实了过度关注弱势，投资者的关注度越高，股票的收益率反而会在后期出现下降。

Chemmanur和Yan（2010）从投资者有限关注的视角，研究了美国上市公司广告支出对股票收益率的影响，证明广告行为会引起短期内超额收益率的增加，但从长期来看，收益率将会发生反转。Bank等（2011）则对谷歌搜索量与股票流动性及其收益率之间的关系做出了研究。张雅慧等（2012）研究了媒体报道对投资者关注和后续投资决策的作用，结果表明，媒体关注度越高，投资者的关注度也就越高，从而股票的交易量越高。

李小晗、朱红军（2011）基于投资者有限关注理论，使用不同周历阶段衡量投资者的关注，考察投资者的有限关注对信息解读效率造成的影响，结果显示，当关注度不足时，对信息的即时解读效率降低。金雪军（2014）通过建立VaR模型进行分析发现，投资者关注度对股票市场的收益率存在显著负向冲击，但该负向冲击是短期的，在未来将逐步减弱。汤祥凤（2016）通过选取股票代码日百度指数作为投资者有限关注的代理指标，实证分析了投资者与个股市场的表现关系，并得出了投资者有限关注会造成股票当期收益率的溢价，而滞后期则出现了反转效应。肖奇（2017）基于相关的文献，提出了投资者关注通过影响资产定价，进而改变股价同步性的观点。

张信东（2017）利用"微指数"构建投资者情绪代理指标，并发现了微博情绪与股票市场表现显著相关，并可以在一定程度上预测股票价格。赵晓龙（2017）通过对"一带一路"网络关注度和股市指数关系的实证分析，证明了网络搜索指数与股市指数之间存在均衡，且互为因果，但是在短期内，解释力较弱。张宁（2016）通过挖掘投资者的关注度对股市影响的内在机理，发现对于投资者关注度与股市的流动性而言，较高的投资者关注度会带来较高的股市流动性，反过来股市流动性的提高也会对投资者关注度产生正向影响。杨晓兰（2016）以投资者在东方财富网股吧针对创业板上市公司发表的90多万条帖子为研究对象，利用文本挖掘技术，发现了本地关注度对股票收益的影响取决于投资者情绪，当投资者保持积极情绪时，本地关注对股票收益有显著正向影响，当投资者持消极情绪时，该影响显著为负。

邓志浩（2017）研究了在不同媒体情绪状态下，媒体情绪、投资者关注度分别对股票收益率、股票流动性的影响，并且考虑了这两个因素对股票特征的共同影响。通过实证发现，媒体情绪、投资者关注度对股票收益率，股票流动性都表现出正影响关系，在加入交互项之后，媒体情绪对股票特征的显著性有所下降。肖奇、沈华玉（2018）使用百度超额搜索量度量投资者关注，实证检验了投资者关注对IPO抑价的影响。向诚、陆静（2018）从理论模和实证研究两个方面检验了投资者关注度对行业层面信息扩散速度与股票定价过程的影响，发现行业信息导致同行业内高关注度与低关注度公司的收益率呈现出领先滞后现象；同时，行业信息导致蕴含重要市场信息的行业收益率与市场未来收益率显著相关，且其相关程度与行业的受关注度成反比；行业信息的逐步扩散还导致了行业动量效应，买入赢家行业、卖出输家行业股票组合能够获得显著的正向超额收益。

徐映梅、高一铭（2017）通过相关关键词搜索热度构建了CPI低频与高频舆情指数，在投资者有限关注对股票市场之间存在相关性这一观点被学者广泛接受后，学者们开始将研究重点转向其对于股票市场影响的解释。Daniel和Titman（1999）发现投资者关注度与股票定价效率之间并非正相关关系。Preis（2013）发现关键词的谷歌搜索量对于股票市场的波动性具有一定的解释作用，余庆进、张兵（2012）发现百度指数提供的搜索量数据与股票市场指标之间呈显著的相关性，并且会对股票产生短期的正向价格压力。杨晓兰（2016）通过构建投资者情绪指标，最后发现积极与消极的投资者情绪对股票收益产生了相应的正、负向影响。

（四）投资者关注度代理变量的研究现状

1.基于市场基础信息的代理变量

股票市场基础表现信息：极端收益、异常成交量和换手率。Ervais 等（2002）选择股票成交量作为关注度的研究代理变量，在他的结果中，我们可以看到关注度与股票收益之间的正向关系，关注度越高，股票收益则越高。

Das 和 Chen（2007）通过构建多分类器筛选算法，对国外论坛进行信息挖掘，发现其内容与资产收益水平之间具有显著的相关性。Da 等（2009）将 Russel3000 指数成分股作为样本，并研究证实了网络搜索量可以作为投资者关注的直接度量指标。Seasholes 和 Wu（2007）选择涨停板作为衡量关注的代理变量，并认为投资者的注意力会受到涨停报道的影响，实证发现股票交易涨停事件对投资者的注意力分配过程有一定的影响，在短期内会产生买入压力。

Peng 和 Xiong（2007）也选择成交量作为投资者关注的代理变量，但其研究同 Gervais 不同，Peng 和 Xiong 发现投资者注意力在市场信息和个股信息之间的分配有差异。Hou 等（2009）用市场行情和成交量来表示投资者关注度，他们分别研究牛市和熊市时投资者关注的不对称影响，发现牛市时投资者会对信息反应过度，熊市时则会对盈余信息反应不足造成更大程度的漂移。饶育蕾等（2012）认为，衡量投资者关注时可以使用机构投资者的持股比例，因为机构投资者的信息识别能力比一般散户强，他们在股市上的行为一般更容易影响到股票价格。

2.基于媒体报道、"类事件研究法"的代理变量

Lou（2010）在选择投资者关注度代理变量时采用了广告费用，其结论表示，广告费用越多的公司，在短期内股票收益率会有异常的表现。贾春新（2010）认为，该领域的难点之一是如何正确衡量"关注"这一模糊的指标，其通过谷歌的历史资讯，研究了股票收益中限售股解禁报道的影响。Zhi Da，Joseph Engelberg，Pengjie Gao（2011）指出，利用代理变量对投资者关注的研究，需要一个关键的假设：这些代理变量反映出

的现象必须是由投资者的关注所造成的。超额收益、成交量、换手率、涨停事件等都是金融资产本身的交易特性和价格行为，并不能直接反映公众注意力的分布和强弱，这些变量的变动有可能不是由于投资者关注引起的，而媒体报道、广告等并不和投资者关注直接对应，它们只有在被投资者收听或者观看时，才能转换为投资者关注度。王磊、叶志强等（2012）发现投资者更关注股票在周一的盈余公告，因此，在周一时的交易投资者会表现得比其他时候更加谨慎，并且通常伴随着一个更低的市场异常交易量。国内学者张雅慧等（2011）研究发现，可以用过度关注弱势理论解释股票市场上的"媒体效应"。

赵海伶（2016）以百度搜索指数功能提供的搜索指数和媒体指数作为关注度代理变量，探究了媒体关注、投资者关注对股票市场产生影响的作用机理，发现了投资者关注度与个股收益率在当周存在显著正相关关系，但从滞后一期的回归分析中发现，上周的投资者关注所产生的影响作用发生了反转，这与Da，Engelbeg和Gao（2011）研究结果一致。另一方面，从投资者对市场的关注度与指数收益率的实证结果显示，二者具有单向的因果关系。运用事件研究法检验了媒体关注度异常高事件前后的股票收益表现，证实了事件当日出现显著为正的平均异常收益，而事件日后一天出现反转。这印证了饶育蕾（2011）提出的"过度关注弱势假说"。投资者关注与媒体关注对股票收益存在交互作用，引入交互项因子后，发现二者在当期具有显著的正向作用。

刘珂言（2015）通过建立投资者多方情绪关键词词典和投资者空方情绪关键词词典，在运用VaR建模分析网络论坛投资者关注、投资者情绪对创业板股市收益影响的实证中，发现了当投资者对网络信息高度关注时，会在短期内形成一种买入压力，并会在随后出现收益率的反转现象。刘海飞（2017）通过构建社交网络微博信息质量指标体系，发现微博信息质量与股价同步性有着显著的高度负线性关联性。陈浪南、苏湃（2017）利用爬虫程序"八爪鱼数据采集器"对样本数据进行采集，通过构造三个包含情绪指数的媒体变量，实证得到"雪球"发帖时间在一天中集中在A股集合竞价和交易的时段，而在一周内，主要集中在交易日，并且帖子中的乐观情绪天数占比近八成，同等强度的坏消息比好消息对当期市场指数的回报率、波动率、交易量的影响要大，相比沪深300指数和上证指数，创业板指数的回报率受发布者活跃度、帖子的覆盖范围的影响更明显。

3.基于网络搜索的代理变量

我国由于互联网起步较晚，相关研究较为欠缺。投资者有限关注理论属于行为金融学中新兴的研究方向，Da（2011）选取谷歌搜索指数SVI作为投资者有限关注的代理变量。王曙（2013）以百度搜索指数作为代理变量，研究了相应概念股板块指数流动性及收益率及股市大盘受投资者对于概念股的关注的影响。张谊浩（2014）通过研究网络搜索与股票市场之间的相互作用，发现投资者网络搜索行为会对股票短期收益率、短期交易量及累计收益率有影响，相较于投资者情绪和投资者关注，投资者网络搜索对股票市场的解释力及预测效力更强。张继德等（2014）利用百度搜索指数衡量投资者的关注度，结果证明，投资者的高关注度会带来股票市场的高流动性。朱南丽（2015）选取博客/微博发布量作为投资者关注度代理指标，刘志英（2017）以百度指数作为投资者关注度的代理变量，对国内A股市场进行了研究分析，发现投资者关注显著影响股市各个代理变量，投资者关注度与股票流动性有正向的影响，高关注度会使投资者产生注意力驱动行为，又由于存在过度自信，导致投资者决策行为的频率因投资者关注而加快，引起股票出现成交量加大，换手率加快的现象。

谢明柱（2018）以百度搜索指数作为投资者有限关注度的替代变量，以其与股票收益之间的关系为主线，深入研究了投资者有限关注与股票收益间的相关性，以及周末效应和反转效应，并且发现了投资者关注和股票的市场表现之间是双向引导的关系，投资者在周末对股票的关注对下一周股票价格跳跃和收益的跳跃都有显著的正向影响，我国投资者关注对股票收益的影响存在短期和长期的反转效应。陈文静、薛丽丹（2018）选用以股票代码为关键词的网络搜索指数作为投资者关注的代理变量，从不同市值股票市场视角出发，基于面板平滑转换模型研究了投资者关注指数对股市超额收益的影响效应。结果表明：在大小不同市值市场的面板平滑转换模型中，市场风险因素是影响股市表现的主要因素，且小市值股票市场对投资者关注的变动情况更加敏感，这与小市值股票市场中公司的业绩表现和价格走向相对大市值市场来讲稳定性较差等密切相关。

（五）文献评述

资产定价是现代金融领域的核心内容之一。传统的资产定价研究主要以理性人假设和有效市场假说为基本前提，认为资产市场价格体现了资产的真实价值。但是资本市场上存在传统资产定价理论无法解释的"异象"，使学者开始寻求其他解释。学者从资本市场信息不对称的角度阐述了解释力不足的原因，但是仅从信息不对称角度，并不能解释投资者在资本市场的表现，从投资者有限关注角度出发，能更好地阐述投资者处于信息弱势的情况下，主动适应市场，收集有用的投资信息以缓解市场信息不对称情形，从而改善投资决策的行为。但是现有文献，很少体现投资者有限关注与信息不对称缓解情况的研究，因此，本书构造了衡量股票信息含量的股票特质性波动指标，以供讨论投资者有限关注对缓解信息不对称的影响情况。

从上述的相关文献介绍中可以看出，部分学者的研究对象选择为创业板股票，这种研究过于狭隘，并不能对我国股市的整体状况进行全面的反映，虽然也有部分学者以上证A股为研究对象，但仅探讨了投资者关注与股票市场之间的相关关系，没有深入探究具体的影响及原因。在考察投资者有限关注对股票市场的影响时，有较多的代理变量，其中包括市场基础信息、媒体信息、事件等，但选取该类变量均存在不足之处，以市场指标衡量投资者有限关注度，忽略了投资者心理和行为上的差别，不能从投资者自身出发量化对个股的关注度，而网络搜索则能直观反映对个股的关注程度，是投资者有限关注的较好代理变量。在进一步选择网络搜索代理变量时，有学者选择百度搜索指数、谷歌搜索指数、微信指数、东方财富论坛等数据作为网络搜索的数据来源，但是此类数据中，除东方财富论坛数据外，其余网络数据都不具针对性，且含大量的噪声，因此不具有充分的解释力和说服力。并且我们认为，基于百度搜索指数或者微博信息，以及东方财富论坛的数据来代表投资者的有限关注，很大程度上取决于爬虫程序对于相关网站的搜索能力与准确性。而本书选取的投资者网络搜索代理变量——雪球网数据，是基于"精英用户"的投资心得分享、普通投资者的个性化订阅、具有相同投资意向的投资者的投资交流或信息分享，而达成投资决策信息的民间传递。我们所采集的雪球网数据来源于它与Wind数据库的合作，在数据的完整性和准确性上有严格的保证。因此，我们认为采用雪球网的网络搜索数据来检验其对股价同步性的影响将更为有效，通过研究投资过度自信所引发的网络搜索与关注行为将如何影响股票定价，是对现有方法的一种有益补充。

三、网络搜索与股票定价的实证检验

（一）网络信息质量指数构建

1.雪球网网络信息数据

随着互联网的发展，话语权及信息传递能力的下移，传统媒体（报纸及电视）的权威性逐渐受到人们的质疑，并在网络信息快速传递的情况下，其时效性也不能得到满足。因此，投资者开始转向线上自主搜索、传递信息，力求能及时获得一手有用信息。在此背景下，雪球网应运而生，并满足了投资者的部分资讯要求。

雪球网于2011年11月正式上线，并在初期时，基于"精英用户"的投资心得分享，普通散户投资者可以进行个性化的订阅，寻找共同对某一上市公司感兴趣的投资者进行投资交流或信息分享，从而达成投资决策信息的民间传递。此外，雪球网同样兼具自主查询目标上市公司已公布的数据，为投资者提供客观可靠的各类数据，以供投资进行需要的理论分析数据。雪球网的目标不仅是建立一个投资交流平台，让交流服务于交易才是其根本目的。基于雪球网的投资交流的软实力，其在2014年推出了交易产品，其中包括股票开户、基金交易，最终达到了交流转向交易的内容拓展，为站内的投资者提供一个投资平台。

　　凭借其高质量的用户生产内容，雪球网迅速建立起了其在财经投资平台的权威地位。相较于之前股吧交流平台中，用户由于情绪宣泄而发表的非理性的投资观点表述，其用户发言则更具理性的分析，内涵的信息更为有用，用户分享内容质量较高。普通投资者在进行自主信息搜索时，必须对网络上的信息进行主观筛选，将无用的情绪宣泄等噪声信息排除在投资信息之外，此过程将消耗投资者的部分关注力。因此，关注雪球网中高质量的发言，能够得到更为切实有用的投资信息，缩减了投资者筛选有用信息的时间，提高了投资者之间的交流效率，从而提高了投资能力。

　　雪球网体现的社交属性是其区别于其他投资平台的重要表现。雪球网除了提供高质量的内容搜索之外，其兼具的社交功能更为出色。投资者在雪球网浏览到高质量的分享内容后，其内在的有用信息会促使投资者们自发产生社交联系，进而产生特定内容引发的社交关系，在打开任意投资产品界面时，投资者能够看到围绕该产品的海量内容，这些内容涵盖有关收益、风险等表现的分析，投资者可以根据自身的判断，对内容进行选择判断，即投资者会在自身感兴趣的内容下，产生随即的内容关注、讨论甚至是自发分享，从而达到散户投资者之间的投资社交活动，在这种环境中，投资者能够依据所知的信息，找到自己偏好的投资对象，进而达成某一投资交易活动。因此，相比于其他网站资讯和数据的单向输出，雪球网更倾向于内容讨论与分析，这使得其社交属性较其他网站更强，提供的资讯更个性化，类似于股票版的微博。因为专业编辑的运营，雪球网做到了实时播报与更新，并且，雪球投资资讯的提供方多为高质量雪球用户，其雪球资讯的数量、时效性、讨论区热度和质量显著好于其他网站，受益于用户群的高质量。高质量用户群可以产生更多内容，也能维持整个社区的活跃度与内容质量。

雪球网的最大特点在于其能够为用户提供投资交易服务。雪球网自2014年开始推出交易产品，包括股票开户、基金交易。最重要的是，雪球网推出了"雪球组合"，允许用户创建自己的模拟组合并公开展示，甚至可以"闪电跟单"（"闪电跟单"这个功能彻底打破了"社交"和"交易"的界限）。如图4-1所示。

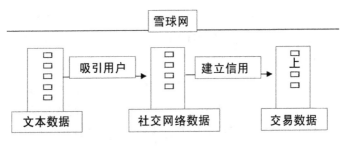

图4-1　雪球网发展历程与特点

（1）雪球好友——社交网络数据。

本书所使用的社交网络数据主要来自雪球好友。雪球网作为社交平台，和Facebook与微博一样都提供"好友"机制。具体而言，某用户如果觉得另一个用户的观点鲜明，论证有理有据，或者建立的组合取得了非常好的回报，那么他就可以"关注"该用户。对于被关注的用户而言，关注自己的用户就成了自己的"粉丝"。通过关注某一用户，雪球网的使用者可以第一时间知道该用户最新动态图，包括最新发言、组合调仓变动以及自选股列表变动。雪球网甚至提供了手机App，使用者即使不在电脑前，也可以获得推送。雪球网的好友关系具有一大明显特点：非对称。建立好友关系，也即发起关注，并不需要获得对方的同意。很多社交网络的好友关系，如Facebook，是对称的，即建立好友必须要发起申请并获得对方同意。

(2) 雪球组合与雪球实盘——交易数据。

介绍如何通过雪球网中的"雪球组合"与"雪球实盘"获取投资者的交易记录，以及雪球网交易数据的特点。

①雪球组合。雪球网与微博等SNS最大的区别在于用户可以在平台上自由创建组合。雪球组合是雪球网为用户提供的一种服务，用户可以在A股、H股、美股三个市场择一进行股票配置，在创建组合之后，雪球网会帮助用户进行收益计算并记录历史业绩。每个用户最多创建20个组合，每个组合最多包含20只股票。雪球组合是被公开展示的。这里的公开有两层含义。首先，作为雪球网的"主打功能"，雪球组合在主页上提供了显眼的链接（链接文字为"买什么"）。进入组合首页之后，用户会发现雪球网将当前的热门组合按照收益率从高到低进行排名，展示在页面最显眼的地方。影响组合排名的主要有两个因素，一是组合收益率，收益率越高排名越靠前；二是组合的热度，如果组合被许多人关注并讨论，那么它的排名也会靠前。所有组合都是公开并参加排名的，用户无法建立只有自己可见的组合。

雪球组合允许关注与讨论。在雪球平台上的社交网络中，雪球组合已经不仅是用户记录、实现自己投资理念的工具，也成为了社交的媒介。受到关注的热门组合会吸引大量用户在页面底端进行讨论，而且只要用户选择"关注"某一个组合，该组合的任何变动都会在第一时间推送给用户。

②雪球实盘。雪球实盘，顾名思义，用户操作的不再是虚拟的组合，而是自己的现金账户。除此以外，雪球实盘与雪球组合几乎没有任何区别。雪球实盘最重要的意义在于跟单功能（copy trading），彻底为用户复制组合扫清了障碍。雪球跟单为用户提供了持续的反馈，一旦正在跟随的组合产生变动，用户会在第一时间得到提醒并做出相应调整。由于雪球实盘允许投资者对雪球组合进行"复制交易"，结合上文对于社交投资平台的定义，我们将雪球实盘视为"信号跟随者"。雪球实盘的出现打破了社交网络和投资交易的界限，和其在美国的先驱Motif一样，实盘组合以及跟单功能一经推出就收获了大量用户。"信号接收者"还可以"订阅"任何一个他感兴趣的雪球组合，也即购买这个组合中的标的股票或"跟随"他接收到的信号。

基于以上分析，本书选取2015年6月—2019年5月沪深300公司的雪球财经日度数据及月度财务数据作为研究样本。在筛选样本时，剔除金融行业的公司、雪球财经日数据缺失超100天的公司，并在此基础上，剔除停牌超过100天的公司。样本从2015年6月开始的原因是Wind中雪球财经的数据在此之前，有大批量的缺失，为保证样本数据的完整性，选取2015年6月作为样本的初始时间，截至2019年5月，共计48个月，188家样本公司。在计算网络信息质量过程中，需要用到雪球财经的累计关注量、累计讨论量及累计分享量，最终本研究得到188家公司2015年6月—2019年5月之间48个月的网络信息质量，所有数据均来自Wind数据库及国泰安数据库。

2.网络信息质量（IIQ）的构建

本书从雪球关注量、雪球讨论量、雪球分享量等三个方面定义沪深300股票的网络信息质量。为了避免这三个方面测度的不全面，以及数据本身的噪声干扰，选择Wind数据库中已有的舆情指标中的雪球财经数据，其中包括雪球财经累计数据，雪球一周新增数据，选取雪球财经累计数据进行等权重组合。对雪球财经数据进行标准化去量纲处理，其中x_i为股票i的某项雪球财经数据指标。然后计算该指标的Z值：μ_r为x的横截面均值，σ_r为x的标准差。

$$Z_i(x) = Z_x = \frac{(x_i - \mu_r)}{\sigma_r} \tag{4.1}$$

雪球累计关注（Attention）是潜在投资者主动关注个股的现实表现，由于投资者关注度的有限性，其对于某一股票的关注，即是对该股票做出了潜在的注意力投票，为日后的投资行为做好提前的准备工作。累计关注表达的是较浅程度的关注，累计讨论（Talk）则为进一步的关注，投资者在满足了自身的关注之外，积极参与该股票讨论，为自己投票的股票进行深度分析，以期获得更多投资者的注意力。除此之外，累计分享（Share）表达的则是投资者对于有关股票分析的认同程度，是正面体现投资者情绪的数据指标，同样拥有较为重要的意义。鉴于以上分析，在没有文献支持的情形下，本书采用等权重的方法加总标注化后的累计关注、累计讨论及累计分享。同样，对加总后的数据进行去量纲处理，则有每家公司网络信息质量的计算公式为：

$$IIQ = Z(Z(\text{Attention}) + Z(\text{Talk}) + Z(\text{Share})) \tag{4.2}$$

表4-1　雪球数据描述性统计

数值	变量	2015	2016	2017	2018	2019
均值	Attention	60298	85627	101643	121829	134093
	Talk	6140	8173	18891	21640	17882
	Share	662	782	905	690	418
中位数	Attention	34965	51304	69372	91298	101878
	Talk	2844	4030	10672	12239	8884
	Share	406	507	607	407	207
标准差	Attention	69685.32	88014.81	97683.27	110919.4	121581.6
	Talk	11657.72	13176.54	26445.12	30822.03	29918.98
	Share	801.1772	874.9187	946.3817	848.8176	647.3073
最小值	Attention	0	0	0	0	12046
	Talk	0	0	0	0	124
	Share	0	0	0	0	0
最大值	Attention	562532	587169	615138	682732	780835
	Talk	129329	132018	224865	271593	346595
	Share	6460	6739	6820	6915	6985

表4-1为雪球数据描述性统计，从表中可以知道，累计关注度数据、累计讨论数据及累计分享数据在2015年到2019年之间均有显著变化。在均值数据中，累计关注从2015年的60298上升到2019年的134093，累计讨论从2015年的6140上升到2019年的17882，累计分享从2015年的662下降为2019年的418，说明投资者在2015年到2019年之间的网络搜索有了显著的提升。其中最小值与最大值差距较大，说明投资者有限关注在不同公司不同时间下呈现不均匀分布，导致这种不均分布，可能是由公司信息披露程度不同导致的投资者关注的分布不同。并且，在

累计关注度数据、累计讨论数据及累计分享数据3个数据中，累计关注度数据始终高于累计讨论及累计分享，这说明普通投资者在现阶段相比主动地参与讨论、进一步的积极分享内容，更倾向于单方面地关注某一公司信息，从单方面获取信息以改善自身的投资决策。

（二）研究假设与实证模型

在股票市场上，由于存在信息不对称问题，股票市场总处于噪声交易中，投资者对个股的投资决策并不是建立在完备信息之下，各投资主体对于个股产生预期偏差，此时股票价格并非表现为其内在价格，从而导致异常收益率。Black（1986）认为，基于投资主体的预期偏差，投资交易为股票市场提供流动性的同时也为股价带来了一定的泡沫。投资者将股票内在价值与市场价格之间的差值称为异常收益率。但是，获取异常收益率是一种投资结果，究其原因，是什么导致了股票价格与内在价值的不一致，吴世农（2002）对股价泡沫的定义说明了信息不对称是造成股市泡沫的原因。对于上市公司信息披露的多寡研究中，Morck 等（2000）认为反映了股价中特质性信息含量的高低，Durnev 等（2003）发现越低的公司，当期股票收益率与未来盈余之间存在显著相关性，Admihud 和 Mendenlson（1989）指出，高关注度能够降低股票市场的信息不对称问题，王亚平等（2009）发现信息透明度与股价同步性之间呈正相关关系。蔡尚高（2019）指出在中国股票市场中，信息获取会成为股票交易获利的决定因素，投资者在"无消息"情况下会倾向卖出股票以避免损失，即所谓的"无消息即坏消息"。投资者掌握公司信息的多少则决定了其在投资活动中的获益情况，因此，正确衡量投资者对于公司信息的掌握程度或公司信息的披露程度能够提高投资者的投资收益率。吴璇（2017）在研究网络舆情对股票流动性的影响时，选取公司股票日收益数据经CAPM模型得到的回归残差项标准差作为股价特质波动性的代理变量。苏冬蔚（2013）发现上市公司的股票流动性与股价信息含量之间有所联系。王耀君（2019）发现相对媒体关注度的增加而言，基于360指数得到的投资者网络搜索量的增加能够降低股票市场上信息不对称程度。基于投资者网络搜索行为的主动信息收集行为，本部分提出第一个假设。

假设一：投资者网络搜索行为能够缓解股票市场上的信息不对称问题。

由于信息不对称问题的存在，投资者不能获取所有的公司信息，而被投资者关注到的信息将对股票市场有重要的解释作用。因此，众多学者对投资者关注与股票市场进行了多方面的研究。在衡量投资者有限关注方面，目前学术界尚无统一的标准，但多数是采用引起投资者广泛关注的事件名或者特定信息作为投资者有限关注的代理变量。Chan用含有公司名称的新闻标题数作为衡量媒体关注度的代理变量，胡军（2015）从开通微博的角度，得到了开通微博的公司股价同步性更低，并且公司特质性信息的多寡会导致R^2的差异。Da（2011）选取谷歌搜索指数SVI作为投资者有限关注的代理变量。宋双杰（2011）同样选取百度搜索中股票简称的搜索量作为投资者关注度的代理变量，金家华（2015）等人选取谷歌搜索关键词的关注指数作为投资者有限关注的代理变量，朱南丽（2015）选取博客/微博发布量作为投资者关注度代理指标，徐映梅、高一铭（2017）通过相关关键词搜索热度构建了CPI低频与高频舆情指数，李凤岐（2017）通过PS（Predictable Searches）方法，筛选出了具有代表性的查询搜索数据，进而预测经济指标。

在投资者有限关注与股票市场之间存在相关性这一观点被学者广泛接受后，学者们开始将研究重点转向其对于股票市场影响的解释。Daniel和Titman（1999）发现投资者关注度与股票定价效率之间并非正相关关系。Preis（2013）发现关键词的谷歌搜索量对于股票市场的波动性具有一定的解释作用，余庆进、张兵（2012）发现百度搜索指数提供的搜索量数据与股票市场指标之间呈显著的相关性，并且会对股票产生短期的正向价格压力。杨晓兰（2016）通过构建投资者情绪指标，最后发现积极与消极的投资者情绪对股票收益产生了相应的正、负向影响。原东良（2017）研究得出互联网关注度是影响股票收益率和成交量的一个因子，对股票收益率及成交量有显著的影响。

已有研究发现，上市公司信息披露能够引起股价波动、对分析师及机构投资者产生影响、增加股票流动性等资本市场波动，信息披露有助于缓解信息不对称，从而使投资者能够及时调整自身的投资决策行为，进而影响股票市场的表现。投资者的网络搜索行为是基于某一事件或者特定信息，其本质为缓解信息不对称，在该种情况下，网络搜索行为对于股票市场中股价特质性波动、股价同步性有一定的解释力。基于以上分析，本部分提出以下假设。

假设二：投资者网络搜索行为对股票定价效率有一定的影响。

李合龙（2014）利用EEMD方法分析了投资者情绪与股指价格波动的关联性，并发现在不同时间尺度下，两者之间呈现出不同的波动关系。王博实（2017）在检验投资者情绪与股票市场之间线性关系时，发现二者之间呈非线性特征。刘海飞（2017）在研究微博信息质量对股价同步性的影响时，发现微博信息质量与股价同步性有着显著的非线性U形的相关关系。

微博信息质量是通过披露公司信息进而缓解投资者信息劣势地位，投资者通过网络搜索而获得的公司信息与微博信息中披露的公司信息同属于投资者获得的额外信息。因此，网络搜索对股票市场表现的影响可能同样呈现非线性的U形关系。

假设三：投资者网络搜索行为对股票定价效率的影响为非线性的U形关系。

在资本市场的信息传播中，除投资者这个参与主体外，分析师也起着重要的作用。庞晓波（2011）研究发现分析师能够在一定程度上有效解读财务报告中传达的资本市场信息。冯旭南（2014）发现信息更容易从高分析跟进的公司溢价出低分析师跟进的公司，从而引起股价联动。李洋（2019）研究发现分析师预告中含有投资者不知情的信息，分析师预告能够缓解信息不对称问题。分析师相对于个股投资者而言，获取信息以及分析信息的能力更胜一筹，因此，分析师预测数据是缓解信息不对称的有利信息，投资者在进行投资决策时，会参考分析师所给的信息。在考虑投资者能获得的分析师数据在一定程度上能够缓解信息不对称问题，分析师预测指标与网络搜索指标之间的交互作用，对于股票市场表现也应具有一定的解释力。基于以上分析，本部分提出以下假设。

假设四：分析师信息能够通过网络搜索行为进入股票市场，进一步缓解信息不对称问题。

除对市场进行整体研究之外，对股票市场进行市态划分的细化研究也较为常见。王一茸（2011）发现在中国股市中，牛市时投资者情绪对股票收益的作用小于熊市。同样，闫伟（2011）也发现在熊市时，投资者情绪对股票收益率的影响大于牛市时的影响，即投资者在不同阶段对各类股票的投资策略有所差异。张安宁（2014）选取百度搜索指数数据作为投资者关注的代理变量，并得到投资者关注对股票收益的影响在不同市态（牛、熊市）中有所差异的结果。饶兰兰（2016）通过构建投资者情绪指数，发现投资者情绪在不同市态（牛、熊市）下对股票收益的影响为显著的非对称性。王博实（2017）在研究投资者情绪与股票市场之间的非线性关系时，发现在牛、熊市中其影响效果有所不同，牛市中对股票收益的拉动显著，但在熊市中仅表现为瞬时促进，并且促进的持续时间较为短促。根据以上文献，可以发现投资者情绪与股票收益之间的联系在牛、熊市中的表现有所不同，而投资者有限关注与其情绪之间的联系又极为密切，因此，本部分提出如下的假设。

假设五：在不同市态（牛、熊市）时，投资者网络搜索行为对股票同步性的影响具有非对称性。

1.股价特质波动性的代理变量构建

本书通过构建股票信息含量的代理变量股价特质波动性（Volatility），来进一步检验假设一中网络搜索行为对股票市场信息不对称的缓解情况。

当股价中涵盖更多公司层面的信息，将会导致股票特质性波动率的上升。若公司层面的特质信息能够通过投资者的搜索行为进入股价，那么公司股价的特质性波动率将会随搜索行为的增多而增多。本书通过检验网络搜索行为是否会增加上市公司股价的特质性波动率来进一步说明"网络搜索能够缓解信息不对称"。本书参考吴璇（2017）的研究方式，选取公司股票日收益数据经CAPM模型得到的回归残差项标准差作为股价特质波动性的代理变量。

参考以往文献，选取资产规模对数（lnsize）、账面市值比（BM）、资产负债率（LEV）、换手率（Turn）、成交量（Volume）、净资产收益率（ROE）、固定资产增长率（Irofa）等公司指标作为控制变量，由文献回顾可知，分析师能够在一定程度上解读财务报告中传达的资本市场信息，其分析师预告中含有投资者不知情的信息，能够缓解信息不对称问题，所以本书选取了分析师指标作为控制变量。但是，与以往选取公司分析师的简单关注数量为分析师代理指标不同，本书选取国泰安数据库中的分析师特色指标，其中包含相对乐观度（Optimisim）、相对推荐度（Recommend）、相对预测数量（Forecast）及相对预测准确度（Accur）等4个分析师特色指标，由于这4个指标都是按照不同公司的分析师分别计算得到，没有统计受关注公司的所有分析师指标加总数量。因此，本书选择加总后的公司分析师数据作为一个受关注公司最终的分析师特色指标。

在模型选择方面，相对于普通最小二乘法、IV法和极大似然估计法，广义矩估计方法不需要知道随机误差项的精确分布信息，允许异方差和自相关。因此，本书选取广义矩估计方法进行回归估计。

$$\text{Volatility}_{it} = \alpha + \beta_1 \text{Volatility}_{it-1} + \beta_2 \text{Volatility}_{it-2} + \beta_3 \text{IIQ}_{it} + \beta_4 \text{Optimisim}_{it}$$
$$+ \beta_5 \text{Recommend}_{it} + \beta_6 \text{Forecast}_{it} + \beta_7 \text{Accur}_{it} + \beta_8 X_{it} + \varepsilon_{it}$$

$$(4.3)$$

其中：Optimisim_{it}，Recommend_{it}，Forecast_{it}，为加总后的分析师特色指标，X_{it}为公司指标。

2.股价同步性指标的构建

本书通过构建股票定价效率的代理变量股价同步性指标（SYN），来进一步检验假设二及假设三中网络搜索行为对股票定价效率的影响。

本书选取股价同步性作为股票定价效率的代理变量。为计算股价同步性，参考Mork等（2000）、朱红军等（2007）以及李增泉等（2011）的做法，对沪深300样本公司每月进行如下回归：

$$\mathrm{RET}_{it} = \alpha + \beta_1 \mathrm{RM}_{it} + \beta_2 \mathrm{RM}_{it-1} + \varepsilon_{it} \quad (4.4)$$

其中：RET_{it}表示第i个公司，第t日的股票收益率，RM_{it}和RM_{it-1}分别表示第t日和$t-1$日沪深300指数收益率，滞后一期的市场回报率用以控制日数据中可能存在的非同步性交易偏差。对上述方程进行回归分析，得到一个R^2的月度面板数据。并在此数据之上，构建股价同步性指标SYN，公式为：

$$\mathrm{SYN}_{ij} = \log \frac{R^2_{ij}}{1 - R^2_{ij}} \quad (4.5)$$

为验证网络搜索质量对股价同步性的影响，构建以下方程：

$$\mathrm{SYN}_{it} = \alpha + \beta_1 \mathrm{SYN}_{it-1} + \beta_2 \mathrm{SYN}_{it-2} + \beta_3 \mathrm{IIQ}_{it} + \beta_4 \mathrm{Optimisim}_{it} + + \beta_5 \mathrm{Recommend}_{it}$$
$$+ \beta_6 \mathrm{Forecast}_{it} + \beta_7 \mathrm{Accur}_{it} + \beta_8 X_{it} + \varepsilon_{it} \quad (4.6)$$

为验证投资者关注与股票定价效率的非线性关系，构建以下方程：

$$\mathrm{SYN}_{it} = \alpha + \beta_1 \mathrm{SYN}_{it-1} + \beta_2 \mathrm{SYN}_{it-2} + \beta_3 \mathrm{IIQ}_{it} + \beta_4 \mathrm{IIQ}^2_{it} + \beta_5 \mathrm{Optimisim}_{it}$$
$$+ \beta_6 \mathrm{Recommend}_{it} + \beta_7 \mathrm{Forecast}_{it} + \beta_8 \mathrm{Accur}_{it} + \beta_9 X_{it} + \varepsilon_{it} \quad (4.7)$$

投资者在进行投资决策时，分析师的意见对于投资者有一定的影响程度，因此本书进一步讨论了投资者网络搜索与分析师数据交互项的作用，建立如下回归：

$$SYN_{it} = \alpha + \beta_1 SYN_{it-1} + \beta_2 SYN_{it-2} + \beta_3 IIQ_{it} + \beta_4 IIQ^2_{it} + \beta_5 IIQ^2_{it} \times Analyst_{it} +$$

$$\beta_6 Optimisim + \beta_7 Recommend_{it} + \beta_8 Forecast_{it} + \beta_9 Accur_{it} + \beta_7 X_{it} + \varepsilon_{it}$$

$$(4.8)$$

$$Volatility_{it} = \alpha + \beta_1 Volatility_{it-1} + \beta_2 Volatility_{it-2} + \beta_3 IIQ_{it} + \beta_4 IIQ^2_{it} + \beta_5 IIQ^2_{it} \times$$

$$Analyst_{it} + \beta_6 Optimisim + \beta_7 Recommend_{it} + \beta_8 Forecast_{it} + \beta_9 Accur_{it} +$$

$$\beta_7 X_{it} + \varepsilon_{it}$$

$$(4.9)$$

投资者的搜索行为是关注度的一个数字表现，不能具体表现出投资行为中的情绪，在这种情况下，不同时期投资者的搜索行为对股价同步性的影响效果将有所差异。在牛市中，投资者网络搜索得到的信息更多地表现为利好信息，而在熊市中，投资者网络搜索得到的信息则更偏向利空，在股市整体环境差异较大情况下，投资者的网络搜索将带有某种情绪，在此种情绪影响下，投资者的网络搜索对股票市场的影响，可能会有所差异。

为研究不同时期投资者网络搜索对股票同步性的影响，本书对样本期进行牛、熊市划分，沪深指数连续三个月上涨的时期视为牛市时期，连续三个月下跌的视为熊市时期，样本中牛市时期为2017年1月—2018年1月及2019年1月—2019年4月，熊市时期为2015年6月—2015年9月及2018年2月—2018年12月，由于划分出的牛、熊市各有两段，特选取了时间相对较长的2017年1月—2018年1月作为牛市样本期，2018年2月—2018年12月为熊市样本期，并在此基础上研究不同时期（牛、熊市），网络搜索对股票同步性的影响。

（三）实证结果与分析

1.变量描述性统计

表4-1给出了相关变量的描述性统计。从表中可以看出，网络信息质量指标的最小值为-4.23184，最大值为3.390124，指标跨度范围较大，说明不同公司在不同时期网络搜索质量具有较大差异，而导致这种差异性的存在，则是因为投资者在面对各种信息中，因关注度有限而选择性地关注某些股票，因此，可以选择网络搜索质量指标作为投资者有限关注的代理变量。SYN，Volatility，Illiqd及Tocer的最大值与最小值差距同样较为明显，这说明不同公司在不同时期的股票市场表现不一，有的公司股票收益率明显异于市场收益率，对于股票市场股价同步性异象的解释，本书提出的基于投资者有限关注视角得到的网络搜索质量提供了一个新的解释方法。因此，接下来进行回归分析。

表4-1 变量定义及其描述性统计（2015.06—2019.05）

变量	含义	样本	均值	中位数	最大值	最小值	标准差
IIQ	网络信息质量	8637	0.075763	-0.05848	3.390124	-4.23184	0.937675
SYN	股价同步性指标	8637	-0.65727	-0.50241	3.788538	-9.20135	1.464675
Volatility	股票特质波动率	8637	0.018432	0.01592	0.166837	0.000132	0.012734
Opti-misim	相对乐观度	8637	0.287884	0	233.47	-153.67	5.970514
Recom-mend	相对推荐度	8637	-0.36263	0	9.5	-14	1.588874

变量	含义	样本	均值	中位数	最大值	最小值	标准差
Forecast	相对预测数量	8637	1.186986	0	1807.03	−1091.56	156.0628
Accur	相对预测准确度	8637	−0.51583	0	13.82	−231.86	5.787333
lnSize	资产规模	8637	10.75064	10.61791	14.21081	7.664333	0.774123
BM	账面市值比	8637	0.590868	0.447755	16.00793	0.051663	0.681085
Lev	资产负债率	8637	0.491605	0.504684	1.156239	0.015925	0.203109
Turn	换手率	8637	25.65615	16.4355	357.8765	0.0414	30.1753
Volume	成交量	8637	5.825914	5.8272	10.5678	−2.8986	1.165196
ROE	净资产收益率	8637	0.078667	0.067825	0.714892	−13.9488	0.274453
Irofa	固定资产增长率	8637	0.089079	−0.00092	18.64978	−1	0.548249

2.网络搜索对股票市场影响的实证结果

（1）网络搜索对股票定价效率的影响。

表4-2报告了研究样本中网络搜索对于公司股票市场中股价同步性、股票特质波动的影响。从表中可以得到，在检验股票特质性波动的线性回归方程中，IIQ在1%的显著性水平下拒绝原假设，并且IIQ与Volatility之间呈正相关关系，随着IIQ的增大，某些公司股票信息进入投资者决策中，公司的特质性波动率就越大，而公司的特质性波动率又是信息含量的衡量指标，这说明，投资者网络搜索能够解释公司股票信息的多寡，能够进一步缓解投资中的信息不对称现象。在检验同步性的线性回

归方程中，IIQ同样在1%的显著性水平下拒绝原假设，并且IIQ与SYN之间呈负相关关系，随着IIQ的增大，公司股价与股票市场之间的追随关系更弱，说明投资者网络搜索强度越大，该股的收益率会显著地异于市场收益率，从而得到股票异常收益率。

以上检验说明，投资者网络搜索能够发掘市场上公司的特质信息，投资者自主获取的信息，最终能够进入其投资活动中，在一定程度上缓解了传统投资中的信息不对称问题，并在此基础上，使公司股票收益率在股价同步性上表现出一定的差异性，进而获取异常收益率。网络搜索通过降低个股股价同步性，体现自身股价发展，进一步提高了股票的定价效率。

在股票市场中，公司股票市场的表现并非简单的呈线性关系，随着网络搜索热度的增加，公司个股异常收益率将趋于平稳。因此，本书还探究了网络搜索与个股在股票市场表现的非线性关系，如表4-2所示，可以得到SYN和Volatility的估计系数都在1%的显著性水平下拒绝原假设，并分别呈现为负相关和正相关，SYN与IIQ^{2}的负相关说明，个股股价的同步性先是随着网络搜索的增加而得到提升，但是随着网络搜索的进一步增加，个股股价同步性却趋于下降，股价同步性将呈现出U形趋势，该结论符合股票市场的现实情况。Volatility与IIQ^{2}的正相关说明，个股特质性波动随着网络搜索的增加而增加，即网络搜索能进一步缓解信息不对称的现象，但是联系同步性回归方程可知，网络搜索超过一定范围时，投资者所获的信息带来的股票异常收益趋于减小，造成这种可能性的原因可能是随着越来越多的投资者获得了相同的信息，由这些信息不对称导致的异常收益也就逐渐消失，直到投资者又再一次发现某些不为大多数投资者所知的信息时，才能获得异常的投资收入。

表4-2　网络搜索对股票定价效率的影响

变量	SYN		Volatility	
	（1）	（2）	（3）	（4）
$SYN_{1,-1}$	0.251386***	0.214236***	0.259934***	0.075351***
	（0.00539）	（0.00605）	（0.005326）	（0.00119））
$SYN_{1,-2}$	0.107151***	0.091421***	0.098192***	0.047095***
	（0.004034）	（0.003848）	（0.005007）	（0.000856）
IIQ	−0.258796***	−0.447558***	0.000968***	0.000397
	（0.014752）	（0.066615）	（0.000121）	（0.000372）
IIQ^2		0.19418***		0.001094***
		（0.031723）		（0.000172）
Optimisim	0.001023	0.001159	−0.0000215*	−0.0000217
	（0.003229）	（0.003153）	（0.0000111）	（0.0000175）
Recommend	0.062343***	0.058081***	0.000266***	0.000306***
	（0.008096）	（0.00677）	（0.0000281）	（0.0000279）
Forecast	0.000167	0.000256*	0.000000672*	−0.00000113***
	（0.000119）	（0.000131）	（0.0000004）	（0.000000425）
Accur	−0.004388*	−0.004458	0.0000203**	0.00000126
	（0.002624）	（0.002764）	（0.00000802）	（0.000016）
BM	0.52168***	0.268649***	0.006276***	0.006928***
	（0.098995）	（0.077764）	（0.000261）	（0.000349）
Lev	3.270021***	3.923859***	0.006472***	0.007375***
	（0.562658）	（0.541301）	（0.001005）	（0.00238）
lnSize	−0.569532***	−0.722228***	0.001893***	0.001552***
	（0.106368）	（0.096123）	（0.000237）	（0.000408）

续 表

变量	SYN		Volatility	
	（1）	（2）	（3）	（4）
Turn	−0.01553***	−0.018858***	0.000124***	0.000151***
	（0.000948）	（0.00119）	（0.00000325）	（0.00000463）
Volume	0.484449***	0.466259***	0.001945***	0.002754***
	（0.035581）	（0.038875）	（0.000123）	（0.000198）
ROE	−0.763012***	−0.40983***	0.00443***	0.000609
	（0.083872）	（0.070112）	（0.000534）	（0.000393）
Irofa	−0.325464***	−0.317187***	−0.002836***	−0.001086***
	（0.026704）	−0.031851	（0.0000612）	−0.000111
Prob（J−statistic）	0.255252	0.258832	0.341956	0.315767
AR（1）	0	0	0	0
AR（2）	0.4156	0.2777	0.5023	0.5378

注：变量中的Y（−1）、Y（−2）为解释变量滞后1阶、2阶的指代，分别对应SYN，Volatility及Tover的1阶及2阶滞后项。Prob（J−statistic）为GMM检验中的J统计量的P值，AR（1）、AR（2）为sargan检验中的一阶自相关、二阶自相关的P值。***，**和*分别表示双尾t检验在1%，5%和10%水平上统计显著。

（2）网络搜索与分析师关注交互项对于股价同步性的影响。

表4-3报告了网络搜索与分析师数据交互之后对股价同步性的影响结果。从表中可以看出，IIQ和IIQ²在4个回归方程中都在1%的水平下显著拒绝原假设，再一次论证了网络搜索对于股票同步性具有解释作用，并且这种作用效果是非线性的。表

4-3中列出了网络搜索质量分别与分析师乐观度及分析师预测数量的交互项对股价同步性的影响，网络搜索质量与分析师乐观度交互项系数在两个回归方程中都在1%的水平下拒绝原假设并且为负相关，网络搜索质量与分析师预测数交互项分别在1%和5%的水平下拒绝原假设且为负相关，说明股价同步性随着网络搜索与分析师数据交互作用的增大而降低。因此，分析师数据能够通过网络搜索解释股票的异常收益率。

表4-3 网络搜索与分析师关注交互项对于股价同步性的影响

变量	（1）	（2）	（3）	（4）
SYN1（-1）	0.247938***	0.207815***	0.247094***	0.204781***
	(0.00475)	(0.005595)	(0.006124)	(0.007321)
SYN1（-2）	\	0.087228***	\	0.088339***
	\	(0.004176)	\	(0.004314)
IIQ	-0.438099***	-0.43378***	-0.44039***	-0.447628***
	(0.057508)	(0.065086)	(0.061464)	(0.075868)
SYN1（-1）	0.247938***	0.207815***	0.247094***	0.204781***
	(0.00475)	(0.005595)	(0.006124)	(0.007321)
SYN1（-2）	\	0.087228***	\	0.088339***
	\	(0.004176)	\	(0.004314)
IIQ	-0.438099***	-0.43378***	-0.44039***	-0.447628***
	(0.057508)	(0.065086)	(0.061464)	(0.075868)
IIQ^2	0.229743***	0.232296***	0.221951***	0.217579***
	(0.025721)	(0.030169)	(0.027088)	(0.036476)
$IIQ^2 \times$ Optimisim	-0.015158***	-0.01328***	\	\
	(0.003337)	(0.00299)	\	\

续 表

变量	（1）	（2）	（3）	（4）
$IIQ^2 \times Forecast$	\	\	−0.000312***	−0.000327**
	\	\	（0.000109）	（0.000158）
Optimisim	0.030619***	0.021855***	0.007625*	0.000898
	(0.005073)	(0.004736)	(0.004463)	(0.004631)
Recommend	0.056798***	0.058898***	0.051277***	0.05325***
	(0.008875)	(0.006981)	(0.009604)	(0.009209)
Forecast	0.000236	0.000279	0.000473**	0.000525***
	(0.00017)	(0.000173)	(0.000192)	(0.000187)
Accur	0.014751***	0.00726**	0.004027*	−0.002977
	(0.003132)	(0.002975)	(0.002214)	(0.002227)
BM	0.276815***	0.308304**	0.287822***	0.316244**
	(0.087038)	(0.120899)	(0.101539)	(0.125721)
Lev	4.15609***	4.140919***	4.181843***	4.197059***
	(0.402031)	(0.477782)	(0.467678)	(0.538708)
lnSize	−0.842757***	−0.675933***	−0.809999***	−0.665809***
	(0.113571)	(0.149233)	(0.125784)	(0.152784)
Turn	−0.023723***	−0.020333***	−0.023475***	−0.020295***
	(0.000824)	(0.001014)	(0.000894)	(0.000882)
Volume	0.528495***	0.471323***	0.535277***	0.477538***
	(0.031737)	(0.03453)	(0.032228)	(0.031886)
ROE	−1.763203***	−1.577755***	−1.747515***	−1.560363***
	(0.128294)	(0.127702)	(0.159782)	(0.146867)
Irofa	−0.191491***	−0.255444***	−0.177045***	−0.242059***
	(0.027268)	(0.029191)	(0.031385)	(0.030955)

变量	（1）	（2）	（3）	（4）
年度效应	是	是	是	是
Prob（J-statistic）	0.266989	0.238852	0.291065	0.254041
AR（1）	0.0436	0	0	0
AR（2）	0.6603	0.5412	0.1015	0.2982

注：Prob（J-statistic）为GMM检验中的J统计量的P值，AR（1）、AR（2）为sargan检验中的一阶自相关、二阶自相关的P值。***，**和*分别表示双尾t检验在1%，5%和10%水平上统计显著。

（3）网络搜索与分析师交互项对特质性波动的影响

表4-4报告了网络搜索与分析师数据交互项对于股票特质波动的影响结果。从表中可以看出，IIQ和IIO²的系数在回归方程（4-2）中均在1%显著性水平下拒绝原假设，符合假设一的结论。而网络搜索与分析师乐观度的交互项系数在方程（4-1）和（4-2）中均为正，并且都在1%的显著性水平下拒绝原假设，说明随着网络搜索与分析师乐观度交互项作用的增加，股票特质性波动增加，交互作用释放，传递了更多的信息给股票投资者。网络搜索与分析师预测数量的交互项系数在方程（4-5）和（4-6）中均为正，并且在1%和5%的显著性水平下拒绝原假设，说明随着网络搜索与分析师推荐数量交互项作用的增加，股票特质性波动也同样增加，网络搜索与分析师乐观度、分析师推荐数量对于股票特质性波动的解释与对股价同步性的解释互为支撑，说明网络搜索与分析师数据能够解释更多的公司信息，缓解了投资过程中的不对称信息。

表4-4　网络搜索与分析师交互项对特质性波动的影响

变量	(1)	(2)	(3)	(4)	(5)	(6)	(7)	(8)
Volatility (-1)	0.0723***	0.210156***	0.075071***	0.27617***	0.072143***	0.074727***	0.078682***	0.233263***
	(0.001592)	(0.005234)	(0.001633)	(0.004255)	(0.001549)	(0.001387)	(0.001197)	(0.007145)
Volatility (-2)	\	0.052921***	\	0.024981***	\	0.046305***	\	0.095091***
	\	(0.00454)	\	(0.001469)	\	(0.001064)	\	(0.005715)
IIQ	-0.000195	0.000986***	-0.000286	0.0000683	-0.000291	0.0000978	-0.000231	0.000717**
	(0.000245)	(0.000217)	(0.000231)	(0.000303)	(0.000252)	(0.000299)	(0.000333)	(0.000291)
IIQ²	0.001793***	0.000367***	0.001267***	0.000548***	0.001769***	0.001129***	0.001353***	0.000425*
	(0.000105)	(0.000115)	(0.000116)	(0.000132)	(0.000119)	(0.000149)	(0.000149)	(0.000229)
IIQ² × Optimisim	0.000059***	0.0000975***	\	\	\	\	\	\
	(0.000015)	(0.0000237)	\	\	\	\	\	\
IIQ² × Recommend	\	\	-0.000431***	-0.00026***	\	\	\	\
	\	(0.00008)	(0.000074)	\	\	\	\	\
IIQ² × Forecast	\	\	\	\	0.0000038***	0.0000029**	\	\
	\	\	\	\	(0.00000073)	(0.00000135)	\	\
IIQ² × Accur	\	\	\	\	\	\	-0.000070***	-0.000175***
	\	\	\	\	\	\	(0.0000202)	(0.0000378)
Optimisim	-0.000037***	-0.000103***	-0.0000165	0.00000618	0.0000601***	-0.00000641	0.0000401***	0.00012***
	(0.0000119)	(0.0000148)	(0.0000169)	(0.0000134)	(0.0000129)	(0.0000158)	(0.0000153)	(0.0000212)

续 表

变量	(1)	(2)	(3)	(4)	(5)	(6)	(7)	(8)
Recommend	0.000205***	0.000157***	0.000657***	0.00052***	0.000223***	0.000316***	0.000264***	0.000262***
	(0.0000288)	(0.0000452)	(0.0000552)	(0.0000405)	(0.0000311)	(0.00003590)	(0.0000265)	(0.0000499)
Forecast	2.47×10^{-7}	4.08×10^{-7}	-3.89×10^{-7}	-0.000000863^{**}	-0.00000312^{***}	-0.00000319^{***}	-1.67×10^{-7}	0.000000451
	(0.00000029)	(0.00000032)	(0.00000034)	(0.00000039)	(0.00000040)	(0.00000064)	(0.00000038)	(0.00000037)
Accur	9.74×10^{-6}	−0.0000117	−0.00000332	0.0000333***	0.0000493***	0.0000307**	0.000106***	0.000283***
	(0.0000066)	(0.0000133)	(0.0000151)	(0.0000127)	(0.00000891)	(0.0000152)	(0.0000179)	(0.0000241)
BM	0.005478***	0.00514***	0.006783***	0.00515***	0.005376***	0.006915***	0.006465***	0.005943***
	(0.000242)	(0.000277)	(0.000517)	(0.000393)	(0.000179)	(0.000381)	(0.000319)	(0.000473)
Lev	0.006796***	0.002693**	0.011182***	0.002733**	0.007455***	0.006838***	0.009689***	0.003228**
	(0.000864)	(0.001323)	(0.001596)	(0.001062)	(0.000523)	(0.001698)	(0.002783)	(0.001603)
lnSize	0.001477***	0.001202***	0.001934***	0.001407***	0.001487***	0.001718***	0.001797***	0.001644***
	(0.000322)	(0.000305)	(0.000464)	(0.00031)	(0.000292)	(0.000393)	(0.000392)	(0.000439)
Turn	0.00019***	0.000122***	0.000199***	0.000124***	0.00019***	0.000152***	0.000185***	0.000121***
	(0.00000309)	(0.00000325)	(0.00000501)	(0.0000054)	(0.00000355)	(0.00000486)	(0.0000036)	(0.00000538)
Volume	0.002339***	0.001708***	0.00241***	0.001869***	0.002313***	0.002593***	0.002721***	0.001884***
	(0.000108)	(0.000111)	(0.000163)	(0.000185)	(0.000124)	(0.000195)	(0.000157)	(0.000148)
ROE	0.000374***	−0.000626***	0.010804***	0.001234**	0.000361***	0.00222***	0.002653***	0.004446***
	(0.0000762)	(0.0000471)	(0.000884)	(0.000605)	(0.000034)	(0.000668)	(0.000409)	(0.00055)

续　表

变量	(1)	(2)	(3)	(4)	(5)	(6)	(7)	(8)
Irofa	−0.001334***	−0.002401***	−0.002014***	−0.001591***	−0.001355***	−0.00102***	−0.001518***	−0.003097***
	(0.0000574)	(0.0000959)	(0.000143)	(0.000113)	(0.0000655)	(0.000161)	(0.0000961)	(0.0000863)
年度效应	是	是	是	是	是	是	是	是
Prob (J-statis-tic)	0.278258	0.328871	0.35731	0.295498	0.284408	0.31273	0.301624	0.379865
AR (1)	0	0	0	0	0	0	0	0
AR (2)	0.1611	0.1086	0.1386	0.1824	0.5046	0.5245	0.1235	0.8513

注：Prob（J-statistic）为GMM检验中的J统计量的P值，AR（1）、AR（2）为sargan 检验中的一阶自相关、二阶自相关的P值。***，**和*分别表示双尾t 检验在1%，5%和10%水平上统计显著。

（4）牛、熊市网络搜索对股票同步性的对比分析。

本书虽然探究了网络搜索对于股票市场表现的影响，并得出了相应的结论，但仍有一定的局限性。杨阳（2010）基于上证股市的相关数据，分析了不同市场态势（牛、熊市）下投资者情绪与股市收益及其波动的异化现象，结果发现股票收益对投资者情绪有显著性的影响：牛市阶段股票收益与投资者情绪正相关，熊市阶段则为负相关。投资者情绪对收益波动的影响在不同市态下也存在异化现象：熊市阶段投资者情绪对预期收益波动的冲击存在非对称效应，乐观倾向比等量的悲观倾向对波动的冲击更大，而牛市阶段受益波动主要受投资者悲观情绪的影响，且不存在非对称效应。

由此可见，不同市态（牛、熊市）投资者情绪对股票收益波动有不同的影响。在牛市行情下，投资者可能会因为处于一个好的投资环境，在没有重大市场信号情况下，认为投资环境会进一步变好，从而促使投资者收集更多方面的信息，进而产生更多的网络搜索行为，在积极环境因素的驱动下，投资者更倾向于搜索额外信息以提高自己的投资收益率，在此种情况下，受投资者关注更高的公司，其股价同步性得到进一步缓解，从而提高了股票的定价效率；而在熊市行情下，投资者可能会因为处于一个较差的投资环境，认为投资环境会进一步变差，在此种环境下，追加投资或者进行新一轮投资，将会遭受严重亏损，因而消极面对市场中的信息，主动搜索信息行为相对于牛市有所减少，在获取的额外信息中，能促进个人投资者投资行为的信息又相对较少，在这些效果的累加下，投资者的决策行为受到抑制，个股异常收益率将有所减少，保持与市场收益率相对稳定，个股股价同步性相对于牛市会有所提高，缓解效果应表现差于牛市效果。

基于以上分析，本书将样本进行了不同市态（牛、熊市）的划分，选取了时间相对较长的2017年1月—2018年1月作为牛市样本期，2018年2月—2018年12月为熊市样本期，并在此基础上探究网络搜索在不同市态（牛、熊市）中对股价同步性的影响。如表4-5所示。

表4-5 牛、熊市网络搜索对股票同步性的对比分析

变量	牛市		熊市	
SYN（-1）	0.054595*	0.053371**	-0.042709*	-0.053557**
	(0.030163)	(0.022349)	(0.023626)	(0.027347)
SYN（-2）	-0.044968*	-0.060613***	0.039407	0.029185
	(0.023799)	(0.018414)	(0.026054)	(0.027216)
IIQ	-1.118674***	-0.628097***	-0.057097*	0.003509
	(0.157998)	(0.076434)	(0.021756)	(0.025729)
IIQ²	\	-0.100918	\	-0.083507***
	\	(0.061323)	\	(0.021444)
Optimisim	0.039193	0.028884	-0.006719	-0.039533
	(0.04029)	(0.023772)	(0.034898)	(0.043323)
Recommend	-0.123351**	-0.200033***	-0.202119***	-0.239328***
	(0.050786)	(0.042471)	(0.044923)	(0.050985)
Forecast	-0.000672	0.000178	0.002544***	0.002644***
	(0.000645)	(0.00065)	(0.00053)	(0.000624)
Accur	0.053491	0.058545**	-0.079622**	-0.113434**
	(0.042272)	(0.027591)	(0.039633)	(0.04668)
lnSize	3.551573***	2.601986***	-4.631079***	-4.552861***
	(0.934367)	(0.458161)	(0.814962)	(0.9884)
Volume	0.0801	0.267022	-0.001903	0.038655
	(0.341448)	(0.200329)	(0.235863)	(0.293265)
Turn	0.014087	0.005343	-0.003604	-0.009886
	(0.010443)	(0.006459)	(0.010645)	(0.014403)
ROE	-2.893502**	-6.677269***	-8.655159***	-9.64206***
	(1.27569)	(1.389124)	(1.567742)	(1.609958)

续　表

变量	牛市		熊市	
BM	0.26357	0.859167**	−5.852899***	−4.996484***
	(0.679247)	(0.408524)	(1.327232)	(1.607686)
Lev	23.56807***	13.9963***	17.0799***	19.47799***
	(4.030017)	(3.424453)	(3.401527)	(4.235828)
Irofa	3.355356***	4.221489***	1.908984**	1.612892*
	(1.09221)	(0.722487)	(0.920999)	(0.950976)
Prob（J-statistic）	0.00501	0.028537	0.004947	0.002649
AR（1）	0	0	0	0
AR（2）	0.3039	0.1428	0.981	0.9751

注：Prob（J-statistic）为GMM检验中的 J 统计量的 P 值，AR（1）、AR（2）为sargan检验中的一阶自相关、二阶自相关的 P 值。***，**和*分别表示双尾 t 检验在1%，5%和10%水平上统计显著。

从表4-5中可知，模型通过了Arellano-Bond检验，但是Sargan检验未通过，拒绝了原假设，说明模型存在过度约束问题，模型设定不够合理。出现这种状况的原因可能是由于样本期较短，截面数据虽然较多，但是时间序列数据太短，导致模型检验不通过。但是，从表中可看到，在牛市的线性模型及非线性模型中，IIQ的系数都为负，且都在1%的显著性水平下拒绝原假设，熊市的线性模型中，IIQ的系数也为负，并在10%的显著性水平下拒绝原假设。即网络搜索在牛、熊市与股价同步性都呈负相关性，随着网络搜索的增加，股价同步性逐步降低，说明网络搜索在牛、熊市中都能够降低股价同步性，进而提高股票定价效率。但是，熊市中IIQ系数的绝对值显著小于牛市系数绝对值，说明网络搜索对股价同步性的影响效果在牛市中更为明显，牛市时，网络搜索对于股票定价效率高于熊市。此结论也印证了上文的猜想。但是，由于模型的设置问题，还需进一步的对牛、熊市数据进行检验。

（四）稳健性检验

本书以上的研究是通过建立GMM模型来研究网络搜索对于股票市场股价同步性及股票特质性波动的影响，为检验结果的稳健性，采用LS模型检验研究结果的一致性。模型结果如表4-6所示。

表4-6　稳健性检验统计表

变量	SYN		Volatility	
	(1)	(2)	(3)	(4)
Y（-1）	0.238322***	0.235075***	0.165247***	0.156661***
	(0.011064)	(0.01139)	(0.016878)	(0.016667)
Y（-2）	0.18401***	0.181361***	0.115621***	0.110328***
	(0.01129)	(0.011506)	(0.013598)	(0.013599)
IIQ	-0.232322***	-0.255398***	0.000275**	-0.000014
	(0.018851)	(0.021503)	(0.000135)	(0.000155)
IIQ^2	\	0.068792***	\	0.000932***
	\	(0.017522)	\	(0.000152)
Optimisim	-0.000131	-0.0000908	-0.00000625	-0.0000062
	(0.002956)	(0.00301)	(0.0000177)	(0.0000175)
Recommend	0.010527	0.010669	-0.00000107	-0.00000305
	(0.009221)	(0.009111)	(0.0000885)	(0.0000872)

续　表

变量	SYN		Volatility	
	(1)	(2)	(3)	(4)
Forecast	0.000128	0.000129	−0.0000014*	−0.00000138*
	(0.0000948)	(0.0000947)	(0.000000837)	(0.000000837)
Accur	−0.003181	−0.003098	0.0000215	0.0000218
	(0.002859)	(0.00291)	(0.0000178)	(0.0000176)
BM	0.089746***	0.08503***	−0.000467	−0.000545
	(0.027224)	(0.027846)	(0.00037)	(0.000376)
Lev	0.048428	0.052183	−0.001425	−0.001401
	(0.082734)	(0.083839)	(0.000979)	(0.000983)
lnSize	0.000308	−0.0000442	−0.00067***	−0.000696***
	(0.024999)	(0.025156)	(0.000234)	(0.000231)
Turn	−0.004887***	−0.005105***	0.000137***	0.000137***
	(0.000481)	(0.000503)	(0.0000143)	(0.0000142)
Volume	0.113356***	0.11332***	0.000022	0.00000455
	(0.016162)	(0.016309)	(0.000175)	(0.000175)
ROE	0.001753	0.00613	0.000418**	0.000487***
	(0.03854)	(0.037136)	(0.00019)	(0.000185)
Irofa	−0.045565	−0.045692	−0.000434*	−0.000434
	(0.031126)	(0.030923)	(0.000259)	(0.000273)
截距项	−0.971325***	−1.02405***	0.017592***	0.017473***
	(0.247831)	(0.249794)	(0.002625)	(0.002602)

注：括号内为LS检验中的t统计值，***，**和*分别表示双尾t检验在1%，5%和10%水平上统计显著。

Y（-1）、Y（-2）代表被解释变量的滞后1期和滞后2期，如表4-6所示，网络搜索信息质量指标在模型（1）和（2）中都在1%的水平下拒绝原假设，与股价同步性呈显著负相关，其平方也都在模型（1）和模型（2）中在1%的水平下拒绝原假设，并与股价同步性呈正相关，即网络搜索信息质量与股价同步性呈非线性U形关系，与课题研究结果保持一致。并且网络搜索信息质量指标在模型（3）中在5%的水平下拒绝原假设，与股票特质性波动呈正相关，其平方在模型（4）中在1%的水平下拒绝原假设，与股票特质性波动呈正相关，与研究结果保持一致。

四、结论及建议

（一）研究结论

本书通过雪球网与Wind数据库合作的雪球网数据创新得到了投资者网络搜索的代理变量——网络搜索信息质量指标，并通过研究网络搜索质量信息对股票市场的影响，得到了以下结论。

投资者网络搜索对于股票市场有一定的影响力，具体表现有，网络搜索对股价同步性有一定的影响，且该影响为非线性的U形关系，即随着网络搜索的增加，股价同步性先是呈降低趋势，但在达到一定程度的情况下，这种趋势将得到扭转，即随着网络搜索的不断增加，股价同步性又呈现上升趋势。网络搜索对于股价同步性的缓解，主要是因为投资者在进行网络搜索时，能够得到有效的市场信息，在一定程度上缓解了其在资本市场上信息不对称的弱势地位，这一点在网络搜索信息指标对股票特质性波动的影响中可以得到验证。

本书选取股票特质性波动作为公司信息含量的代理变量，研究发现网络搜索信息质量与股票特质性波动之间呈正相关关系，即随着网络搜索的增加，股票特质性波动也增加，进一步解释了影响股价同步性的原因是缓解了投资活动中的信息不对称问题，并且随着某一阶段内网络搜索的不断增加，投资者从搜索中获得的信息所带来的利得减少，最终使对同步性的解释呈现为非线性。

在网络信息时代，分析师数据能够通过网络得到快速的传播，分析师数据借助网络搜索行为进一步进入到投资者当中，使整个公司信息在网络媒介的加持下能够更快传递给投资者，为投资者提供有价值的投资信息。上市公司通过对网络搜索的量化研究，在一定程度上能够增强公司股票的稳定性，本研究结果为研究股票定价效率提供了一个新的视角。

本书虽然探究了网络搜索对于股票市场表现的影响，并得出了相应的结论，但仍有一定的局限性。对于不同时期（牛、熊市）网络搜索所涵盖的信息情绪可能有所不同，在牛市时期搜索内容可能是利好信息，会进一步加强投资收益，而在熊市时期，网络搜索可能涵盖更多利空信息，使股票市场进一步低迷，我们通过区分网络搜索对于不同时期（牛、熊市）股票市场的影响，发现网络信息质量指标与股价同步性呈负相关关系，但出于样本期较短的原因，没有通过系统广义矩中Sargan检验，因此希望今后有学者能从不同时期，探究网络搜索对股票市场的影响差异。

在计算实验中，投资者的过度自信会对股票市场的流动性和波动性产生影响。当市场中过度自信的投资者增多或者在投资者过度自信程度较强的市场会产生更多的交易量，市场流动性更强，但股价波动幅度也更大。

卖空机制在过度自信投资者较少的市场会发挥出其应有的稳定股价剧烈波动的效用。但在过度自信程度较高以及存在较多过度自信投资者的市场上，卖空机制的"稳定器"作用会被削弱。

（二）主要建议

本书采取的雪球网数据来源于它与Wind数据库的合作，从雪球关注量、雪球讨论量、雪球分享量三方面构造了网络搜索信息质量指标，在数据的完整性和准确性上有严格的保证。但是雪球网数据都是基于客观统计得到的不带投资者情绪的数据量，不能够揭示投资者搜索行为中自带的某种影响投资行为的情绪倾向，正如上述区分牛、熊市情况时，网络搜索对于个股股价定价效率的影响在牛、熊市具有不同的效果。因此，本书提出构建除基本雪球网数据外，还应进一步挖掘雪球网搜索数据中投资者的情绪倾向，构建雪球网投资正倾向指数、负倾向指数，以便后期更深入地研究。

基于本书中网络搜索对股票定价效率的研究结果，对于证券市场中投资者的市场稳定发展提出以下建议：①对于个人投资者而言，我国股票市场起步较晚，市场制度有待进一步完善，个人投资者在信息获取与接收方面处于弱势地位，笔者建议个人投资者通过网络搜索及时获取国家政策、行业政策等信息，并加以理性分析与甄别，及时调整自己的投资决策；②对机构投资者而言，随着互联网的不断发展，数据挖掘技术日臻成熟，互联网大数据的价值日益显现，基金公司等机构投资者，可以借助自身的资金和技术优势，挖掘互联网中的投资者信息及股市信息，进而调整投资组合；③对于上市公司而言，应进一步完善信息披露制度。在发布公告尤其是重大消息时，要关注市场上投资者的反应，通过召开投资者说明会等方式加以疏导，避免引起公司股价的大幅波动，以保护中小投资者利益；④对于证券市场的监管部门而言，伴随着互联网的发展与人们投资意识的增强，民众通过互联网来获取信息并影响自身的投资决策。投资者关注成为影响我国股票市场的重要因素，但目前对投资者关注的研究还只停留在学术研究层面。因此，证券市场的监督管理层面通过建立有效、精确的投资者关注系统监控机制，合理防范金融风险，促进证券市场长久稳定发展是现阶段监管层面临的一个全新挑战。

参考文献

[1]白丽娟，闫相斌，金家华.基于搜索关键词关注度的商品房价格指数预测[J].预测，2015（04）：65-70.

[2]才静涵，夏乐.卖空制度、流动性与信息不对称问题研究—香港市场的个案[J].管理科学学报，2011（2）：71-85.

[3]蔡会彦.行为金融视角下投资者行为因素对股票定价影响的实证研究[D].徐州：中国矿业大学，2016.

[4]蔡向高，邓可斌.无消息即坏消息：中国股市的信息不对称[J].管理科学学报，2019，22（04）：75-91.

[5]陈淼鑫，郑振龙.卖空机制对证券市场的影响：基于全球市场的经验研究[J].世界经济，2008（12）：73-81.

[6]陈日清.投资者过度自信行为与中国A股波动性[J].投资研究，2014（02）：89-103.

[7]陈其安，唐雅蓓，张力公.机构投资者过度自信对中国股票市场的影响机制[J]，系统工程，2009（27）：1-6.

[8]陈莹，袁建辉，李心丹，等.基于计算实验的协同羊群行为与市场波动研究[J].管理科学学报，2010，13（09）：119-128.

[9]陈文静，薛丽丹.投资者关注对股市超额收益的影响效应研究——基于不同市值的视角[J].工业技术经济，2018，37（11）：84-92.

[10]陈浪南，苏湃.社交媒体对股票市场影响的实证研究[J].

投资研究，2017，36（11）：17-35.

[11]褚剑，方军雄.中国式融资融券制度安排与股价崩盘风险的恶化[J].经济研究，2016，51（05）：143-158.

[12]戴秦，谢斐，严广乐.基于Swarm平台的中国融资融券制度对股市波动影响研究[J].上海经济研究，2014（09）：31-39.

[13]邓志浩.媒体情绪、投资者关注度与股票特征的关系研究[D].深圳：深圳大学，2017.

[14]董倩，孙娜娜，李伟.基于网络搜索数据的房地产价格预测[J].统计研究，2014，31（10）：81-88.

[15]方灿琪.金融泡沫与过度自信模型[J].金融观察，2017（04）：77-79.

[16]方立兵，肖斌卿.融资融券失衡对标的股票定价效率的影响[J].当代经济科学，2015（02）：48-56.

[17]冯旭南，徐宗宇.分析师、信息传播与股价联动：基于中国股市信息溢出的研究[J].管理工程学报，2014，28（04）：75-81.

[18]冯玉梅，陈璇，张玲.融资融券交易对我国股市波动性的影响研究——基于融资融券转常规前后的比较检验[J].山东社会科学，2015（2）：130-134.

[19]高宝俊，宣慧玉，李璐.基于agent的连续竞价股票市场仿真研究管理评论[J].管理评论，2005，17（06）：3-7.

[20]巩兰杰，王春峰，房振明.基于agent的连续双向拍卖人工股市建模研究[J].计算机应用研究，2008（12）：3602-3609.

[21]古志辉，郝项超，张永杰.卖空约束、投资者行为和A股市场的定价泡沫[J].金融研究，2011（02）：129-148.

[22]何诚颖，陈锐，蓝海平，等.投资者非持续性过度自信

与股市反转效应[J].管理世界，2014，08：44-54.

[23]胡军，王甄.微博——特质性信息披露与股价同步性[J].金融研究，2015（11）：190-206.

[24]黄世达，王镇.投资者情绪对资产价格的影响分析——基于中国股票市场的实证研究[J].价格理论与实践，2015（11）：109-111.

[25]贾春新，赵宇，孙萌，等.投资者有限关注与限售股解禁[J].金融研究，2010（11）：108-122.

[26]姜继娇，杨乃定.基于有限理性Agent的人工股票市场模型[J].计算机工程与应用，2006，41（35）：4-6.

[27]金华，胡明浩.投资者过度自信与资产定价的关系——基于社交网络环境下[J].北京航空航天大学学报（社会科学版），2018，31（01）：70-74.

[28]金雪军，周建锋.投资者关注度与市场收益间动态关系研究——基于Bootstrap的滚动窗口方法[J].浙江大学学报：人文社会科学版.2014（06）：98-111.

[29]江轩宇，许年行.企业过度投资与股价崩盘风险[J].金融研究，2015，（08）：141-158.

[30]李合怡，贝政新.信用交易与投资者行为：对"特质波动率之谜"的再思考[J].学海，2015（06）：66-71.

[31]李科，徐龙炳，朱伟骅.卖空限制与股票错误定价——融资融券制度的证据[J].经济研究，2014（10）：165-178.

[32]李宜洋，赵威.关于建立融券卖空机制对股市影响的分析[J].金融理论与践，2006（02）：72-75.

[33]李志生，陈晨，林秉旋.卖空机制提高了中国股票市场的定价效率吗？——基于自然实验的证据[J].经济研究，2015，50（04）：165-177.

[34]李红权，邹琳.基于Agent的投资者情绪对于股市演化行为仿真研究[J].计算机工程与应用，2009，45（12）：30-32.

[35]李小晗，朱红军.投资者有限关注与信息解读[J].金融研究，2011（08）：132-146.

[36]李洋，王春峰，房振明，等.中国分析师预告的有效性研究——基于投资者间信息不对称的研究视角[J].预测，2019，38（01）：52-59.

[37]李凤岐，李光明.基于搜索行为的经济指标预测方法[J].计算机工程与应用，2017（06）：215-222.

[38]李潇潇，卢磊.投资者过度自信与A-B股溢价的关系[J].系统管理学报，2016，25（06）：1016-1022.

[39]李心丹，王冀宁，傅浩.中国个体证券投资者交易行为的实证研究[J].经济研究，2002（11）：54-63+94.

[40]李小晗.情绪周期与股票收益——基于中国股票市场月相效应的检验[J].中国会计评论，2009，7（04）：383-418.

[41]李小哈，朱红军.投资者有限关注与信息解读[J].金融研究.2011（8）：128-142.

[42]林勇，殷三杰.加入网络搜索行为能提升CPI的预测效果吗[J].重庆工商大学学报（社会科学版），2018（01）：61-72.

[43]梁立俊.禁止卖空机制与投资者行为退化的模型分析[J].当代财经，2007（04）：62-67.

[44]廖士光，杨朝军.卖空机制、波动性和流动性——一个基于香港股市的经验研究[J].管理世界，2005（12）：6-13.

[45]廖士光.融资融券交易价格发现功能研究——基于标的股票确定与调整的视角[J].上海立信会计学院学报，2011（01）：67-76.

[46]廖理，贺裴菲，张伟强，等.中国个人投资者的过度自

信和过度交易研究[J].投资研究，2013，32（08）：35-46.

[47]刘珂言.网络论坛投资者关注、投资者情绪对股市收益的影响[D].成都：西南交通大学，2015.

[48]刘海飞.社交网络、投资者关注与股价同步性[J].管理科学学报，2017（02）:53-62.

[49]刘海飞，姚舜，肖斌卿，等.基于计算实验的股票市场羊群行为机理及其影响[J].系统工程理论与实践，2011，31（5）：805-812.

[50]刘兴华，梁晓蓓，杨海波.证券市场高频数据双相行为的仿真[J].系统工程理论与实践，2009，29（12）：147-153.

[51]刘志英.基于百度指数的投资者关注对我国A股市场的影响分析[D].武汉：湖北大学，2017.

[52]罗鹏，陈义国，许传华.百度搜索、风险感知与金融风险预测——基于行为金融学的视角[J].金融论坛，2018（01）：39-51.

[53]罗黎平，饶育蕾.卖空机制对股票价格影响的非线性动力学模拟[J].系统工程，2011，29（12）：26-34.

[54]吕大永，吴文锋.融资交易与融券交易对中国股票定价效率的影响一致吗？[J].经济与管理研究，2018，39（05）：38-50.

[55]庞晓波，呼建光.分析师报告能够预测与解读财务报告吗——来自中国股市的经验证据[J].财贸经济，2011（03）：42-47+66.

[56]彭韵颖.针对近期中国股市推出卖空机制必要性的思考[J].天府新论，2007（06）：8-12.

[57]蒲东齐，邵丁玲，吴婷，等.基于网络搜索行为对商品房价格的短期预测[J].信息通信，2018（01）：17-19.

[58]潜力，邱丽萍.融资融券交易能否降低股票市场波动性？[J].金融与经济，2017（12）：43-49.

[59]权小锋，洪涛，吴世农.选择性关注、鸵鸟效应与市场异象[J].金融研究，2012（03）：109-123.

[60]饶育蕾，王建新，丁燕.基于投资者有限注意的"应计异象"研究——来自中国A股市场的经验证据[J].会计研究，2012（05）：59-65.

[61]骆玉鼎，廖士光.融资买空交易流动性效应研究——台湾证券市场经验证据[J].金融研究，2007（05）：18-32.

[62]盛昭翰，张军，杜建国，等.社会科学计算实验理论与应用[M].上海：上海三联书店，2009.

[63]石勇，唐静，郭琨.社交媒体投资者关注、投资者情绪对中国股票市场的影响[J].中央财经大学学报，2017（07）：45-53.

[64]石广平，刘晓星，姚登宝，等.过度自信、市场流动性与投机泡沫[J].管理工程学报，2018，32（03）：63-72.

[65]史永东，李竹薇，王镇，等.投资者行为研究评述[J].经济学动态，2012，10：131-136.

[66]宋逢明，李超.股票市场涨跌停板设置的微模拟研究[J].运筹与管理，2007，2（16）：100-106.

[67]宋双杰，曹晖，杨坤.投资者关注与IPO异象——来自网络搜索量的经验证据[J].经济研究.2011（01）：145-155.

[68]苏冬蔚，熊家财.股票流动性、股价信息含量与CEO薪酬契约[J].经济研究，2013，48（11）：56-70.

[69]隋岩，陈一愚.论互联网群体传播时代媒介成为资源配置的重要环节[J].中国人民大学学报，2015，29（06）：128-133.

[70]孙英隽，苗鑫民.卖空机制对股票定价效率的影响——

基于市场微观结构的视角[J].北京工商大学学报（社会科学版），2017，32（3）：85-93.

[71]汤祥凤.有限关注与股票市场表现[D].蚌埠安徽财经大学，2016.

[72]唐松，吴秋君，温德尔，等.卖空机制、股价信息含量与暴跌风险——基于融资融券交易的经验证据[J].财经研究，2016，42（08）：74-84.

[73]唐先勇.基于投资者过度自信行为分析的资产定价问题研究[D].武汉：武汉大学，2010.

[74]唐骊媛，向鸿.融资融券制度对股票定价效率的影响研究——基于A股市场的实证证据[J].中国物价，2019（01）：60-63.

[75]王冬吾.浅析融资融券对证券市场的影响[J].经济师，2010（09）：88-89.

[76]王建新，饶育蕾，彭叠峰.什么导致了股票收益的"媒体效应"：预期关注还是未预期关注？J].系统工程理论与实践，2015，35（01）：37-48.

[77]王晋忠，张志毅.过度自信理论文献综述[J].经济学家，2013（03）：94-99.

[78]王晋忠，张志毅.过度自信在我国股市牛熊市道中的表现——基于我国上证综指的实证研究[J].武汉大学学报（哲学社会科学版），2014，67（05）：20-25.

[79]王磊，叶志强，孔东民，张顺明.投资者关注与盈余公告周一效应[J].金融研究，2012（11）：193-206.

[80]王曙.基于百度指数的投资者关注度与股票指数表现的相关性研究[D].南京：南京大学，2013.

[81]王亚平，刘慧龙，吴联生.信息透明度、机构投资者与

股价同步性[J].金融研究，2009（12）：162-174.

[82]王勇，杨庆运.我国网络关注度对股票收益的影响——基于和讯关注度的实证研究[J].投资研究，2014（02）：143-149.

[83]王永平，孟卫东，杨秀苔.非理性交易行为、股价波动与中国股市[J].重庆大学学报（自然科学版），2005，10：146-149.

[84]王永杰.人工神经网络算法在GDP和CPI中的预测应用[D].太原：中北大学，2017.

[85]王耀君，高扬王，耀青.基于网络搜索指数的股票市场微观结构特征[J].北京理工大学学报（社会科学版），2018（05）：54-62.

[86]王耀君，高扬.网络关注度对我国股票市场信息不对称程度的影响[J].财经理论与实践，2019，40（01）：44-50.

[87]卫强.基于投资者关注的股价走势预测与交易策略设计——股票间交叉模式视角[J].系统工程理论与实践，2016（06）：137.

[88]韦立坚.T+0交易制度的计算实验研究[J].管理科学学报，2016，19（11）：90-102.

[89]吴卫星，汪勇祥，梁衡义.过度自信、有限参与和资产价格泡沫[J].经济研究，2006（04）：115-127.

[90]武志伟，周耿，陈莹，等.中国股票市场融资融券制度有效性的实证检验[J].中国经济问题，2017（01）：49-59.

[91]吴世农，等.股市泡沫的生成机理和度量[J].财经科学，2002（04）：4-11.

[92]吴璇，田高良，司毅，等.网络舆情管理与股票流动性[J].管理科学，2017，30（06）：51-64.

[93]吴术，李心丹，张兵.基于计算实验的卖空交易对股票

市场的影响研究[J].管理科学，2013（04）：71-78.

[94]肖浩，孔爱国.融资融券对股价特质性波动的影响机理研究：基于双重差分模型的检验[J].管理世界，2014（08）：30-43

[95]肖奇，屈文洲.投资者关注、资产定价与股价同步性研究综述[J].外国经济与管理，2017，39（11）：120-137.

[96]肖奇，沈华玉.投资者关注、信息质量与IPO抑价[J].华东经济管理，2018，32（01）：119-126.

[97]肖欣荣，徐俐丽.基金经理过度自信与个人特征研究——基于中国证券投资基金的数据[J].上海金融，2015（09）：81-86.

[98]向诚，陆静.投资者有限关注、行业信息扩散与股票定价研究[J].系统工程理论与实践，2018，38（04）：817-835.

[99]谢明柱.基于百度指数的投资者有限关注与股票收益关系探析[J].长春理工大学学报（社会科学版），2018，31（05）：99-105+112.

[100]徐映梅，高一铭.基于互联网大数据的CPI舆情指数构建与应用——以百度指数为例[J].数量经济技术经济研究，2017，34（01）：94-112.

[101]许红伟，陈欣.我国推出融资融券交易促进了标的股票的定价效率吗？——基于双重差分模型的实证研究[J].管理世界，2012（05）：52-61.

[102]许红妹.卖空约束、个股投资情绪与股票收益率[D].泉州：华侨大学，2014.

[103]许柳英，陈启欢.公众注意力影响买入行为吗？——基于投资者的行为分析[J].上海管理科学.2005（04）：39-41.

[104]杨阳，万迪昉.不同市态下投资者情绪与股市收益、收

益波动的异化现象——基于上证股市的实证分析[J].系统工程，2010，28（01）：19-23.

[105]杨德勇，彭博.投资者过度自信与过度交易——理论模型与来自我国股市的经验证据[J].中央财经大学学报，2013（02）：35-41.

[106]杨德勇，吴琼.融资融券对上海证券市场影响的实证分析—基于流动性和波动性的视角[J].中央财经大学学报，2011（05）：28-34.

[107]杨晓兰，高媚.信息可靠度、过度自信对股票市场的影响—基于实验经济学的研究[J].南方经济，2018（02）：23-40.

[108]杨晓兰，沈翰彬，祝宇.本地偏好、投资者情绪与股票收益率——来自网络论坛的经验证据[J].金融研究，2016（12）：143-158.

[109]杨欣.突发事件、投资者关注与股市波动——来自网络搜索数据的经验证据[J].经济管理，2014（02）：147-158.

[110]袁建辉，邓蕊，曹广喜.模仿式羊群行为的计算实验[J].系统工程理论与实践，2011，31（5）：855-862.

[111]袁铭.基于网购搜索量的CPI及时预测模型[J].统计与信息论坛，2015，30（04）：20-27.

[112]原东良.互联网关注度对股票量价的影响——基于设立雄安新区的实证研究[J].金融与经济，2017（10）：12-19.

[113]俞庆进，张兵.投资者有限关注与股票收益——以百度指数作为关注度的一项实证研究[J].金融研究，2012（08）：152-165.

[114]张宁.投资者关注度对股市波动性的影响分析及应用[D].长沙：湖南师范大学，2016.

[115]张宇飞，马明.中国证券市场预期特质性波动率影响定

价的实证研究[J].当代财经，2013（04）：59-72.

[116]张维，张永杰.异质信念、卖空限制与风险资产价格[J].管理科学学报，2006（04）：58-64.

[117]张维，李根，熊熊，等.资产价格泡沫研究综述：基于行为金融和计算实验方法的视角[J].金融研究，2009（08）：182-193.

[118]张颖洁，张亚楠.中国股市过度自信与市场质量实证研究[J].西安电子科技大学学报（社会科学版），2010（06）：45-50.

[119]张鸿韬.融资融券对我国股票市场定价效率的影响研究[J].山东社会科学，2019（02）：143-148.

[120]张谊浩，李元，苏中锋，等.网络搜索能预测股票市场吗？[J].金融研究，2014（02）：193-206.

[121]张维，李悦雷，熊熊，等.计算实验金融的思想基础与研究范式[J].系统工程理论与实践，2012，32（03）：495-507.

[122]张永杰，张维，金曦，等.互联网知道的更多吗？——网络开源信息对资产定价影响[J].系统工程理论与实践.2011（4）：577-586.

[123]张雅慧，万迪昉，付雷鸣.股票收益的媒体效应：风险补偿还是过度关注弱势[J].金融研究，2011（08）：143-156.

[124]张维，赵帅特，熊熊，等.计算实验金融，技术规则与时间序列收益可预测性[J].管理科学，2008，21（3）：74-84.

[125]张海峰，邹高峰.基于计算实验金融方法的决策偏好比较研究[J].广东金融学院学报，2011，26（5）：32-42.

[126]张颖洁，张亚楠.中国股市过度自信与市场质量实证研究[J].西安电子科技大学学报（社会科学版），2010，20（06）：45-50.

[127]张淯洋.投资者关注度与小盘股市场表现——基于百度指数的研究[D].上海：华东政法大学，2018.

[128]张雅慧，万迪昉，付雷鸣.股票收益的媒体效应：风险补偿还是过度关注弱势[J].金融研究.2011（08）：143-156.

[129]张雅慧，万迪昉，付雷鸣.基于投资者关注的媒体报道影响投资行为的实验研究[J].系统工程，2012，30（10）：19-35.

[130]张谊浩，李元，苏中锋，等.网络搜索能预测股票市场吗？[J].机金融研究，2014（02）：193-206.

[131]张继德，廖微，张荣武.普通投资者关注对股市交易的量价影响——基于百度指数的实证研究[J].会计研究.2014（08）：52-59.

[132]张信东.基于微博的投资者情绪对股票市场影响研究[J].情报杂志，2017，36（08）：81-87.

[133]郑丹.融资融券对证券市场的影响研究[D].上海：华东师范大学，2010.

[134]郑丰，赵文耀，张蜀林.基于Agent的羊群行为研究[J].中国管理科学，2015，23（S1）：424-429.

[135]赵龙凯，陆子昱，王致远.众里寻"股"千百度——股票收益率与百度搜索量关系的实证探究[J].金融研究，2013（04）：183-195.

[136]赵晓龙.网络关注度与股票市场关系的研究——来自"一带一路"的证据[D].沈阳：沈阳工业大学，2017.

[137]赵海伶.媒体关注与投资者关注对股票市场的影响——基于A股市场的实证研究[D].成都：西南交通大学，2016.

[138]庄虹莉，李立婷，林雨婷，等.基于网络搜索数据的福州市商品房价格指数预测模型研究[J].生产力研究，2017（02）：105-111.

[139]郑丹.融资融券对证券市场的影响研究[D].上海：华东师范大学，2010.

[140]朱旭.卖空限制下异质信念对我国股票价格的影响[D].北京：北京理工大学，2015.

[141]朱南丽，邹平，张永平，等.基于博客/微博信息量的投资者关注度测量研究——来自中国股票市场的经验数据[J].经济问题探索，2015（02）：159-166.

[142]A.Hamid，M.Heiden.Forecasting volatility with empirical similarity and Google Trends [J].Journal of Economic Behavior & Organization，2015（117）：62-81.

[143]Abreu，Dilip，Markus K.Brunnermeier.Synchronization risk and delayed arbitrage[J].Journal of Financial Economics ，2002（66）：341-360.

[144]Adebambo，Biljana N.，Xueming（Sterling）Yan.Momentum，reversals，and fund manager overconfidence.[J].Financial Management，2016，45（3）：609-639.

[145]Alexander，Gordon J.，Evren Ors，et.al.Margin regulation and market quality：a microstructure analysis[J].Journal of Corporate Finance，2004（10）：549-574.

[146]Alexander G.J.，Peterson M.A.The Effect of Price Tests on Trader Behavior and Market Quality：An Analysis of Reg SHO [J].Journal of Financial Markets，2008（11）：84-111.

[147]Allen，Franklin，Jun Qian，et.al.Law，finance，and economic growth in China [J].Journal of Financial Economics ,2005（77）：57-116.

[148]Amihud Y，Mendenlson H.The Effects of Beta，Bid-Ask Spread，Residual Risk，and Size on Stock Returns[J].The Journal

of Finance, 1989, 44 (2): 479-486.

[149]Anderson S.P, De Palma.Multiproduct Firms: A Nested Logit Approach[J].The Journal of Industrial Economics, 1992, 40 (3): 261-276.

[150]Antoniou, C., Doukas, et.al.Sentiment and momentum. Unpublished working paper[M].University of California, Los Angeles, 2010.

[151]Axelord R.Agent-based modeling as a bridge between disciplines, In Judd K, Tesfatsion L, ed.Handbook of Computational Economics II: Agent-based Computational Economics, Amsterdam[M].North Holland, 2006.

[152]Baker, Malcolm, Jeffrey Wurgler, et.al.Global, local, and contagious investor sentiment[J].Journal of Financial Economics 2012 (104): 272-287.

[153]Bai Y., Chang E.C, Wang J.Asset Prices under Short_sale Constraints[R].Working paper, Hong Kong Institute of Economics and Business Strategy, 2006.

[154]Bank M, Larch M, Peter G.Google search volume and its influence on liquidity and returns of German stocks[J].Financial Markets and Portfolio Management, 2011, 25 (3): 239-264.

[155]Barber, B., Odean, T.All that glitters: the effect of attention and news on the buying behavior of individual and institutional investors.The Review of Financial Studies 2008 (21): 785-818.

[156]Barber, B., Mand Terrance Odean.Trading is hazardous to your wealth, the common stock Investment perform romanced of individual investors [J].Journal of Finance, 2000 (55): 773-806.

[157]Benhabit, Jess, Xuewen Liu, et.al.Sentiments, financial

markets, and macroeconomic fluctuations [J].Journal of Financial E-conomics, 2016 (120): 420-443.

[158]Benos A.V.Aggressiveness and survial of overconfident traders[J].Journal of Financial Markets, 1998 (01): 353-383.

[159]Bhojraj, Sanjeev, Robert J.Bloomfield, et.al.Margin trading, overpricing, and synchronization risk [J].Review of Financial studies, 2009 (22): 2059-2085.

[160]Black Fisher.Noise[J].Journal of Financa, 1986 (41): 529-542.

[161]Blanchett, David, Michael Finke, et.al .Who exhibits time-varying risk aversion.CFA Institute, http: //www.cfapubs.org/doi/pdf/10.2469/irpn.v2016.n1.7.

[162]Boehmer, E, J.Wu.Short Selling and the Price Discovery Process[J].Review of Financial Studies, 2013 (26): 287-322.

[163]Chang E.C., Luo Y., Ren J.Short-Selling, Mar-gin-Trading, and Price Efficiency: Evidence from the Chinese Market[J].Journal of Banking & Finance, 2014 (11): 411—424.

[164]Chang E.C., Cheng J.W., Yu Y.Short Sales Constraints and Price Discovery: Evidence from the Hong Kong Market[J].The Journal of Finance, 2007, 62 (5): 2097-2121.

[165]Charoenrook A., Daouk H.The World Price of Short Selling [R].Working Paper, The Owen Graduate School of Man-agement, Vanderbilt University, 2003.

[166]Chemmanur T.Advertising,atteintion, and stock returns [D].School of Business Administration, Fordham University.

[167]Chiarella C, Iori G.A simulation analysis of the mi-crostructure of double auction markets [J].Quantitative Finance,

2002, 2 (5): 346-353.

[168]Chiang, Yao-Min, David A.Hirshleifer, et.al.Do investors learn from experience? [J].Evidence from frequent IPO investors.Review of Financial Studies, 2011 (24): 1560-1589.

[169]Chui, A., S.Titman, K.Wei.Individualism and momentum around the World[J].Journal of Finance, 2010 (65): 361-392.

[170]Chuang W.I, Lee B.S.An empirical evaluation of the overconfidence hypothesis [J].Journal of Banking & Finance, 2006, 30 (9): 2489-2515.

[171]Conrad, Jennifer.The price effects of option introduction [J].Journal of Finance1989 (44): 487-498.

[172]Cooper, M., R.Gutierrez, et.al.Market states and momentum[J].Journal of Finance, 2004 (59): 1345-1365.

[173]Coulton, Jeffrey J., Tami Dinh, et.al.The impact of sentiment on price discovery[J].Accounting and Finance 2016 (56): 669-694.

[174]Diamond D.W, Verrecchia R.E.Constraints on Short Selling and Asset Price Adjustment to Private Information [J].1987 (18): 277-311.

[175]Daniel, K., Hirshleifer, D., et.al.Investor psychology and security market under and overreactions[J].Journal of Finance , 1998 (53): 1839-1885.

[176]Daniel, Kent, Sheridan Titman.Market efficiency in an irrational world[J].Financial Analyst Journal, 1999 (55): 28-40.

[177]D.Kahneman.Attention and Effort [M].NJ: Prentice-Hall Englewood Cliffs, 1973.

[178]Da Z., Engelberg, J, Gao P. "In Search of Attention

[J].The Journal of Finance，2011，66（5）：1461-1499.

[179]Deaves R，Luders E，Luo G.Y.An Experimental Test of the Impact of Overconfidence and Gender on Trading Activity [J]. Review of finance，2009.13（3）：555-575.

[180]DeBondt，Werner.Betting on trends：intuitive forecasts of financial risk and return [J].International Journal of Forecasting，1993，9（3），355-371.

[181]DeLong，J.B.，Shleifer，et.al.Noise trader risk in financial markets[J].Journal of Political Economy，1990，98（4），703-738.

[182]Dickhaut J，Xin B.Market efficiencies and drift：A computational model [J].The Accounting Review，2009，84（6）：1805-1831.

[183]F.Takeda，T.Wakao.Google search intensity and its relationship with returns and trading volume of Japanese stocks[J].Pacific-Basin Finance Journal.2014（27）：1-18.

[184]Fisher，Kenneth L.，Meir Statman.Investor sentiment and stock returns[J].Financial Analysts Journal，2000（5）：16-23.

[185]Foster，F.D，S.Viswanathan.Strategic trading when agents forecast the forecasts of others[J].Journal of Finance，1996，51（4），1437-1478.

[186]Gervais，S.，T.Odean.Learning to be Overconfident [J]. The Review of Financial Studies，2001（14）：1-27.

[187]Goetzmann，William N.，Nava Peles.Cognitive dissonance and mutual fund investors [J].Journal of Financial Research，1997（20）：145-158.

[188]Gervais S，Kaniel R，Mingelgrin D H.The High-Volume Return Premium [J].The Journal of Finance，2002，56（2）：

877-919.

[189]Griffin, John M., Federico Nardari, Rene M.Stulz.Do investors trade more when stocks have performed well? Evidence from 46 countries[J].Review of Financial Studies, 2006 (20): 905- 951.

[190]Griffin, D., Tversky, A.The weighing of evidence and the determinants of confidence[J].Cognitive Psychology, 1992 (24): 411-435.

[191]Hardouvelis, Gikas.Margin requirements, volatility, and the transitory component of stock prices[J].The American Economic Review, 1990 (80): 736-762.

[192]Hardouvelis, G.A., Theodossiou.The asymmetric relation between initial margin requirements and stock market volatility across bull and bear markets[J].Review of Financial Studies, 2002 (15): 1525-1559.

[193]Hastorf, A.H., D.J.Schneider.and J.Polefka, 1970.Person Perception[M].Reading, Mass.: Addison-Wesly.

[194]Hirose, Takehide, Hideaki k.Kato.Can margin traders predict future stock returns in Japan? [J].Pacific-Basin Finance Journal, 2009 (19): 41-57.

[195]Hsieh, David A., Merton H.Miller, Margin regulation and stock market volatility[J].Journal of Finance, 1990 (45): 3-29.

[196]Hommes C H.Heterogeneous agent models in economics and finance [J].Handbook of computional economics, 2006 (2): 1109-1186.

[197]Hong, Harrison, Terence Lim, et.al.Bad news travels slowly: size, analyst coverage, and the profitability of momentum strategies[J].Journal of Finance, 2000, 55 (1) 265-295.

[198]Hong, Harrison, Jeremy C.Stein.A unified theory of underreaction, momentum trading, and overreaction in asset markets[J].Journal of Finance, 1999, 54 (6): 2143-2184.

[199]Hong H., Stein J.C.Difference of Opinion, Short-Sales Constraints and Market Crashes[J].Review of Financial Studies, 2003 (16): 487-525.

[200]Hou K, Moskowitz T J.Market Frictions, Price Delay, and the Cross-Section of Expected Returns.Review of Financial Studies, 2005, 18 (3): 981-1020.

[201]Jarrow, Robert.Heterogeneous Expectations, Restrictions on Short Sales, and Equilibrium Asset Prices [J].Journal of Finance, 1980 (35): 1105-1113.

[202]Jegadeesh, Narasimhan, Sheridan Titman.Returns to buying winners and selling losers: Implications for stock market efficiency[J].Journal of Finance, 1993 (48): 65-91.

[203]Jun, Xiao, Mingsheng Li, Jing Shi.Volatile market condition and investor clientele effects on mutual fund flow performance relationship[J].Pacific-Basin Finance Journal, 2014 (29): 310-334.

[204]Kang, J., M.-H.Liu, S.X.Ni.Contrarian and momentum strategies in the China stock market: 1993-2000 [J].Pacific-Basin Finance Journal, 2002 (10): 243-265.

[205]Kahneman D, Tversky A.Prospect Theory: An Analysis of Decision under Risk[J].Econometrica, 1979 (47): 263-291.

[206]Kaustia, Markku, Samuli Knupfer.Do investors overweight personal experience? Evidence from IPO subscriptions [J]. Journal of Finance, 2008 (63): 2679-2702.

[207]Kling, Gerhard, Lei Gao.Chinese institutional investors'

sentiment[J].International Financial Markets, Institutions & Money, 2008（18）：374-387.

[208]Kuhnen, Camelia M.Asymmetric learning from financial information[J].Journal of Finance, 2015（70）：2029-2062.

[209]Kumar, A., Lee, C.Retail investor sentiment and return comovements[J].Journal of Finance, 2006（61）：2451-2486.

[210]Kyle, A.S.Continuous auctions and insider trading[M].E-conometrica：Journal of Econometric Society, 1985：1315-1335.

[211]Levine R.Stock Markets, Growth, and Tax Policy[J]. Journal of Finance, 1991, 46（4）：1445-1466.

[212]Li J.and Myers S.C.R2 Around the World: New Theory and New Tests[J].Journal of Financial Economics, 2006, 79（2）：257-292.

[213]Lou D.Maximizing Short-Term Stock Prices through Advertising[J].SSRN working paper, 2010.

[214]Lux T, Marchesi M.Volatility Clustering in Financial Markets: A Micro-simulation of Interacting Agents[J].International Journal of Theoretical and Applied Finance, 2000, 3（4）：675-702.

[215]Mei, Jianping, Jose Scheinkman Wei Xiong.Speculative trading and stock prices: an analysis of Chinese A-B share premia. Annals of Economics and Finance, 2009（10）：225-255.

[216]Mendel, Brock, Andrei Shleifer.Chasing noise[J].Journal of Financial Economics, 2012（104）：303-320.

[217]Miller E.M.Risk, Uncertainty and Divergence of Opinion [J]..The Journal of Finance, 1977（32）：1151-1168.

[218]Morris S., Trade with Heterogeneous Prior Beliefs and

Asymmetric Information[J].Econometrica.1994, 62 (6): 1327-1347.

[219]Morck, Randall, Bernard Yeung, et.al.The information content of stocks markets: why do emerging markets have synchronous stock price movement? [J].Journal of Financial Economics , 2000 (58): 215-260.

[220]Nadia Vozlyublennaia.Investor attention, index performance, and return predictability [J].Journal of Banking & Finance. 2014 (41): 17-35.

[221]Noe T.H, Rebello M.J, Wang J.Corporate Financing: An Artificial Agent-based Analysis [J].The Journal of Finance, 2003, 58 (3): 943-973.

[222]Odean T.Do Investors Trade Too Much? [J].American Economic Review, 1999 (89): 1279-1298.

[223]Odean, Terrance.Volume, volatility, price, and profit when all traders are above average[J].Journal of Finance, 1998 (53): 1887-1934.

[224]Odean, Terrance.Do Investors Trade too much [J]. American Economic Review, 1999 (89): 1279-1298.

[225]Palmer R.G, Arthur W B, Holland J H.Artificial economic life: a simple model of a stock market[J].Physical D: Nonlinear Phenomena, 1994, 75 (1): 264-274.

[226]Peicuti, Cristina.The great depression and the great recession: a comparatively analysis of their analogies [J].The European Journal of Comparative Economics, 2014, 11 (1): 55-78.

[227]Peng, Lin, Wei Xiong.Investor attention, overconfidence and category learning[J].Journal of Financial Economics , 2006 (80): 563-602.

[228]Peng L, Xiong W, Bollerslev T.Investor Attention and Time-varying Comovements [J].European Financial Management, 2007: 394-422.

[229]Piotroski J D, Roulstone D T.The influence of analysts, institutions investors, and insiders on the incorporation of market, industry, and firm-specific information into stock prices[J].The Accounting Review, 2004, 79 (4): 1119-1151.

[230]Pouget, Sebastien, Julien Sauvagnatet.al.A mind is a terrible thing to change: confirmation bias in financial markets.Review of Financial Studies, 2017, 30 (6): 2066-2109.

[231]R.Ding, W.Hou.Retail investor attention and stock liquidity[J].Journal of International Financial, 2015 (37): 12-26.

[232]Roll, Richard.R2 [J].Journal of finance, 1988 (43): 541- 566.

[233]Saffi P.A.C.Sigurdsson K.Price Efficiency and Short Selling [J].The Review of Financial Studies, 2011, 24 (3): 821-852.

[234]Scheinkman J.and W.Xiong, Overconfidence and Speculative Bubbles [J].Journal of Political Economy, 2003 (111): 217-250.

[235]Seasholes M S, Wu G.Predictable behavior, profits and sttention[J].Journal of Empirical Finance, 2007, 14 (5): 590-610.

[236]Seguin, Paul J.Stock volatility and margin trading[J].Journal of Monetary Economics, 1990 (26): 101-121.

[237]Seybert, N., H.Yang.The party's over: the role of earnings guidance in resolving sentiment-driven overvaluation.Management Science, 2012 (58): 308-319.

[238]Seguin, P.J.Stock Volatility and Margin Trading[J].Journal

of Monetary Economics, 1990 (26): 101-121.

[239]Sembel R.Overconfidence and Excessive Trading Behavior: An Experimental Study[J].International Journal of Business and Management, 2011, 7 (6): 147-152.

[240]Shefrin, Hersh, Meir Statman.The disposition to sell winners too early and ride losers too long: theory and evidence[J]. Journal of Finance, 1985 (40): 777-790.

[241]Shefrin, Hersh, Beyond greed and fear: Understanding behavior finance and the psychology of investing [J].New York: Oxford University Press Inc., 2002.

[242]Shimokawa T, Suzuki K, Misawa T.An agent-based approach to financial stylized facts [J].Physica A: Statistical Mechanics and its Applications, 2007, 379 (1): 207-225.

[243]Shleifer, A., Vishny, et.al.The limits of arbitrage [J]. Journal of Finance, 1997 (52): 35-55.

[244]Stambaugh, Robert F., Jianfeng Yu, et.al.The short of it: investor sentiment and anomalies [J].Journal of Financial Economics, 2012 (104): 288-302.

[245]Statman, Meir, Steven Thorley, et.al.Investor overconfidence and trading volume [J].Review of Financial Studies, 2006, 19 (4): 1532-1565.

[246]Stateman M, Thorley S, Vorkink K.Investor Overconfidence and Trading Volume [J].The Review of Financial Studies, 2006, 19 (4): 1531-1564.

[247]Stiglitz, Joseph E.The fruit of hypocrisy.Economic Opinions, The Guardian, September 16, 2018.https://www.theguardian.com/commentisfree/2008/sep/16/economics.wallstreet

[248]Thaler, Richard H., Eric J.Johnson.Gambling with the house money and trying to break even: the effect of prior outcomes on risk choice[J].Management Science, 1990, 36 (No.6): 645–660.

[249]Tobin J.On the efficiency of the financial–system[J].Lloyds Bank Annual Review, 1984 (153): 1–15.

[250]Walther, B.R., R.H.Willis.Do investor expectations affect sell–side analysts' forecast bias and forecast accuracy[J].Review of Accounting Studies, 2013 (18): 207–227.

[251]White, Eugene, 1990.The stock market boom and crash of 1929 revisited [J].Journal of Economic Perspectives, 1990, 4 (2): 67–81.

[252]Yagi I, Mizuta T, Izumi K.A Study on the Effectiveness of Short–selling Regulation Using Artificial Markets[R].Working paper, 2010.

[253]Yu, J., Yuan, Y.2011.Investor sentiment and the mean–variance relation [J].Journal of Financial Economics, 2011 (100): 367–381.

[254]Zhi A, Joseph Engelberg, Pengjie Gao.In Search of Attention[J].The Journal of Finance, 2011, 66 (5): 1461–1499.

附 录

附录1　订单簿的算法流程

Start Program：

Running Agent System：//系统开始运行

While 1

Select Agent（　）//选择Agent进行随机决策

　Agent Decide（　）//Agent的决策函数

　Agent Send Order（　）//Agent发送订单

　Update Order Book（　）//订单簿状态的更新

Running Trading System：//运行订单簿

　While CaseOne

　　ChooseBestOrders（　）//对最佳买卖订单进行筛选

　　If BidPrice>=AskPrice//条件要求若得到满足

　　If BidTime<AskTime//根据时间优先的原则确定交易价格

　　　TradingPrice=BidPrice

　　　　　Else

　　　TradingPrice=AskPrice

　　If BidVolume<AskVolume//成交量的确定

　　　TradingColume=BidVolume

```
        AskVolume=AskVolume−TradingColume
            Else
    TradingColume=AskVolume
    BidVolume=BidVolume−TradingColume
            Else
        Return CaseOne
StoreTradingInformation （　） //储存交易信息
UpdateOrderBook （　） //更新订单簿的状态
If dayTradingEnd？=true//如果当天交易结束
    ClearOrderBook （　） //对订单簿进行清空
End Program//
```

附录2　部分程序代码

```
*Main函数：核心循环控制代码（调用各模块函数）
*/
public class MainAgent
{
    public MainAgent （）
    {
    }
public void sfMain （）
{
    Initial it=new Initial （）；
    InvestBiz ib= （InvestBiz） new InvestBizImp （）；
    MarketBiz  mb= （MarketBiz） new MarketBizImp （）；
    it.InitialParameter （）；
```

```
      it.InitialStatus ();
      it.InitialPosition ();
for (int  t=1; t<=OC.cycle; t++)
{
      mb.eventArrival (t, 0, 1.0/9) }

      double[ ]signH   =new double[(int) OC.agentNum+1];
      int m=0;
      m=OC.agentNum;
int selectN=0;
double n=0
int xx=OC.agentNum;
for (int i=1; i<=m; i++)
{
selectN= (int)  (OC.rn.Next (0, xx)) +1;
n=0;
for (int j=1; j<=OC.agentNum; j++)
{
if (signH[j]==0)
{
n=n+1;
}
if (n==selectN)
{
signH[j]=1; //执行策略
if (OC.AgentKind[j, t, 1]==1)
{
```

```
        ib.arbitrageRule (j, t);
}
else   if (OC.AgentKind[j, t, , 1]=2)
{
        ib.hedgingRule (j, t);
}
else   if (t<=2)
{
        if (OC.AgentKind[j, t, 2]<=2) {ib.randomRule (j, t,
        (int) OC.AgentKind[j, t, 2]+2); }
        else {ib.randomRule (j, t, 3); ib.randomRule (j, t,
        4); }
}
else   if (OC.AgentKind[j, t, 1]>=3&&OC.signRand==1)
{
        if (OC.AgentKind[j, t, 2]<=2) {ib.randomRule (j, t,
        (int) OC.AgentKind[j, t, 2]+2);
else {ib.randomRule (j, t, 3); ib.randomRule (j, t, 4); }
}
else if (OC.AgentKind[j, t, 1]==3)
{
if (OC.AgentKind[j, t, 2]<=2) {ib.jbmRule (j, t,  (int)
OC.AgentKind[j, t, 2]+2);
else{ib.jbmRule (j, t, 3); ib.jbmRule (j, t, 4); }
}
else if (OC.AgentKind[j, t, 1]==4)
 if ( OC.AgentKind [j, t, 2]<=2) {ib.thecRule (j, t (int)
```

```
OC.AgentKind[j, t, 2) +2); }
else{ib.thecRule (j, t, 3); ib.thecRule (j, t, 4); }
}
else if (OC.AgentKind[j, t, 1]==5)
{
 if (OC.AgentKind[j, t, 2]<=2) {ib.dlRule (j, t,  (int)
OC.AgentKind[j, t, 2]+2); }
else{ib.dlRule (j, t, 3); ib.dlRule (j, t, 4); }
}
else  if (OC.AgentKind[j, t, 1]==6)
{
if (OC.AgentKind[j, t, 2]<=2) {ib.fzRule (j, t (int) OC.
AgentKind[j, t, 2]+2); }
else{ib.fzRule (j, t, 3); ib.fzRule (j, t, 4); }
}
else  if (OC.AgentKind[j, t, 1]==7)
{
 if (OC.AgentKind[j, t, 2]< =2) {ib.herdRule (j, t (int)
OC.AgentKind[j, t, 2]+2}; }
else{ib.herdRule (j, t, 3); ib.herdRule (j, t, 4); }
}
else  if (OC.AgentKind[j, t, 1]==8)
{
 if (OC.AgentKind[j, t, 2]<=2) {ib.noiseRule (j, t (int)
OC.AgentKind[j, t, 2]+2); }
else{ib.noiseRule (j, t, 3); ib.noiseRule (j, t, 4); }
}
```

```
else if（OC.AgentKind[j，t，1]==9）
{
if（OC.AgentKind（j，t，2]<=2）{ib.dlfz（j，t，（int）OC.
AgentKind[j，t，2]+2）；}
else{ib.dlfz（j，t，3）；ib.dlfz（j，t，4）；}
}
else if（OC.AgentKind[j，t，1]==10）
{
If（OC.AgentKind[j，t，2}<=2）{ib.hyRule（j，t，（int）
OC.AgentKind[j，t，2]+2）；}
else{ib.hyRule（j，t，3）；ib.hyRule（j，t，4）；}
}
break；
xx=xx−1；
　　}
mb.clearMarket（t）；//市场出清
　　mb.updStatistic（t）；//统计变量
　　mb.sjyz（t）；//随机游走规则
　　mb.ztyc（t）；//状态遗传
}
ExportExcel.outExcel（1）；//输出结果到Excel
```

附表1 市场指数与投资者情绪指数（ISI）的相关性检验

面板A：上证综指（SHSE）与投资者情绪指数（ISI）的相关性检验				
相关检验	Pearson	Spearman	Kentall's Tau	Hoeffding Dependence
2014.12—2015.5	0.835	0.829	0.733	0.500
（股灾前）	(0.04)	(0.03)	(0.04)	(<0.01)
2015.7—2015.12	0.939	0.874	0.739	0.579
（股灾后）	(<0.01)	(<0.01)	(<0.01)	(<0.01)
2014.12—2015.12*	0.849	0.902	0.754	0.539
（完整样本期）	(<0.01)	(<0.01)	(<0.01)	(<0.01)
2013.1—2015.12	0.874	0.838	0.667	0.393
（扩展样本期）	(<0.01)	(<0.01)	(<0.01)	(<0.01)
面板B：深证成指（SZSE）与投资者情绪指数（ISI）的相关性检验				
2014.12—2015.5	0.737	0.771	0.600	0.500
（股灾前）	(0.09)	(0.07)	(0.09)	(<0.01)
2015.7—2015.12	0.931	0.856	0.699	0.482
（股灾后）	(<0.01)	(<0.01)	(<0.01)	(<0.01)
2014.12—2015.12*	0.850	0.896	0.732	0.495
（完整样本期）	(<0.01)	(<0.01)	(<0.01)	(<0.01)
2013.1—2015.12*	0.849	0.705	0.529	0.238
（扩展样本期）	(<0.01)	(<0.01)	(<0.01)	(<0.01)

注：面板A（B）报告了在股灾前、股灾后、完整样本期（从2014年12月至2015年12月）和扩展样本期（从2013年1月至2015年12月），上证综指（SHSE）、深证成指（SZSE）与投资者情绪指数（ISI）之间的Pearson，Spearman，Kentall's Tau和Hoeffding检验。其中，完整样本期和扩展样本期均提出了2015年6月的数据。

附表2　基于超额保证金交易指数（SXMGT）的价格延迟

超额保证金交易分组	超额保证金交易指数	月融资交易余额/月总交易额	时期	均值	中值	T统计量
低组	-4.16	10.61	股灾前	0.43	0.43	30.05***
（n=148）			股灾后	0.20	0.18	22.84***
			股灾前、后差异	-0.23		13.73***
			（配对t检验）			
中间组	-0.71	12.68	股灾前	0.41	0.40	47.70***
（n=302）			股灾后	0.18	0.16	26.10***
			股灾前、后差异	-0.23		20.99***
			（配对t检验）			
高组	1.06	15.57	股灾前	0.46	0.46	39.21***
（n=154）			股灾后	0.19	0.17	20.86***
			股灾前、后差异	-0.27		17.92***
			（配对t检验）			
高组-低组			高组-低组差异	0.04		1.97***
			（配对t检验）			

注：***，**和*分别表示1%，5%和10%的显著性水平。

附表2报告了不同的超额保证金交易股票在股市崩溃前、后期的价格延迟。价格延迟的计算采用Hou和Moskowitz（2005）的方法：$Delay_i = 1 - R_{i,r}^2 / R_{i,u}^2$。我们制定了一个标准化的超额保证金交易指数（SXMGT）作为每只股票的超额保证金交易的衡量指标，其计算公式如下：

$$SXMGT_{i,t} = (MG\ bal/TRD_{i,t} - Avg\ MG\ bal/TRD_i) / STD_i.$$

其中：$MG\ bal./TRD_{i,t}$代表股灾前，股票第i月的月融资余额/月总交易额。平均$MG\ bal./TRD_i$则代表股灾前12个月为基准期（从2013年12月到2014年11月）的平均$MG\ bal./TRD_{i,t}$比率。而STD_i为基准期内月融资余额/月总交易额比率的标准差。

附录：投资者网络搜索指数构建相关代码

1.获取R²面板数据的python代码

```python
import pandas as pd
from sklearn.linear_model import LinearRegression
from sklearn.metrics import r2_score
import operator
import warnings
warnings.filterwarnings（"ignore"）

df=pd.read_csv（"/Users/wanglun/PycharmProjects/machineLearn
ing/work/test/回归数据表.csv"，parse_dates=['日期']，en-
coding="gbk"）

df['date']=df["日期"].apply（lambda x：x.strftime（'%
Y-%m'））

list1=list（df.columns）
list1.remove（'日期'）
list1.remove（'date'）
list1.remove（'rm'）
list1.remove（'rm_1'）

times=set（df['date']）

data=df.groupby（'date'）
```

```
time_dict={}

for time in times：
    data_t=data.get_group（time）
    item={}
    for i in list1：
        data_t_i=data_t[['rm'，ʻrm_1'，i]]
        data_t_i[i]=data_t_i[i].apply（lambda x：None if（x==0）
        （x=="#DIV/0!"）else x)
        data_t_i.dropna（how='any'，inplace=True）
        if   data_t_i.shape[0]<10：
            item[i]=0
            continue
        x=data_t_i[['rm'，ʻrm_1']]
        y=data_t_i[i]
        model=LinearRegression（）
        model.fit（x，y）
        y_=model.predict（x）
        score=r2_score（y，y_）
        item[i]=score
    time_dict[time]=item
dict_data={}
dict_1=sorted（time_dict.items（），key=operator.itemgetter（0））

dict_data['test']=dict_1[0][1]
data_time=pd.DataFrame（dict_data）
for i in dict_1：
```

```
    dict_test={}
    dict_test[i[0]]=i[1]
    data_test=pd.DataFrame（dict_test）
    data_time[i[0]]=data_test[i[0]]


del data_time['test']
data_time=data_time.stack（）.unstack（0）
data_time.to_csv（'回归数据r.csv'，encoding='gbk'）
```

2.获取股票特质性波动（Volatility）面板数据的python代码

```
numpy.dot（a，b）
import numpy as np
import pandas as pd
from sklearn.linear_model import LinearRegression
from sklearn.metrics import r2_score
import operator
import warnings
warnings.filterwarnings（"ignore"）


df=pd.read_csv（"D：/数据/沪深300数据/不更新数据/雪球
网数据/日频非金融（删除缺失后）/CAPM模型.csv"，
parse_dates=['日期'],encoding="gbk"）


df['date']=df['日期'].apply（lambda x：x.strftime（'%
Y-%m'））


list1=list（df.columns）
```

```
list1.remove（'日期'）
list1.remove（'date'）
list1.remove（'rm'）
list1.remove（'rm_1'）
times=set（df['date']）
data=df.groupby（'date'）
time_dict={}

for time in times：
    data_t=data.get_group（time）
    item={}
    for i in list1：
        data_t_i=data_t[['rf'，'rm-rf',i]]
        ####data_t_i [i]=data_t_i [i].apply（lambda x：None if
        (x==0) else x）
        data_t_i.dropna（how='any',inplace=True）
        if data_t_i.shape[0]<10：
        item[i]=0
        continue
    x=data_t_i[['rf'', 'rm-rf']]
    y=data_t_i[i]
    model=LinearRegression（）
    model.fit（x,y）
    y_=model.predict（x）
    npy=np.array（y）.astype（float）
    res=npy-y_
    score=res.std（）
```

```
        item[i]=score
    time_dict[time]=item

    dict_data={}
    dict_1=sorted (time_dict.items () , key=operator.itemgetter (0))

    dict_data['test' ]=dict_1[0][1]
    data_time=pd.DataFrame (dict_data)
    for i in dict_1：
        dict_test={}
        dict_test[i[0]]=i[1]
        data_test=pd.DataFrame (dict_test)
        data_time[i[0]]=data_test[i[0]]
    del data_time['test' ]
    data_time=data_time.stack () .unstack (0)
     data_time.to_csv ('回归数据残差标准差.csv' ,encoding=
    ''gbk')

    np
    npy=np.array (y) .astype (float)

    npy=np.array (y)
    print ((npy-y_) .std ())
    import numpy as np
    print ((np.array ([1, 2, 3]) -np.array ([0, 0, 0])) .std ())

    res=y-y_
```

```
score=es.std（）
print（score）

yy=pd.DataFrame（y_）
```

3.获取加总后分析师特色指标的python代码

```
import pandas as pd
df=pd.read_csv（'文档地址'，parse_dates=['Rptdt']，encod-
ing='gbk'）

df['date']=df['Rptdt'].apply（lambda x: x.strftime（'%
Y-%m'））
df['date']=pd.to_datetime（df['date']）

list_company=set（df['Stknmec']）

data_1=pd.DataFrame（）

for i in list_company：
    data_i=pd.DataFrame（）
    data=df[df['Stknmec']==i]
    list_time=list（set（data['date']））
    list_time.sort（）
    data_i['Brokern']=[i]*len（list_time）
    data_i['Rptdt']=list_time
    data_i['RelativeAnaExperience']=list（data.groupby（'date'）
    ['RelativeAnaExperience'].sum（））
```

```
data_i['RelativeCoNumber']=list（data.groupby（'date'）
['RelativeCoNumber'].sum（））
 data_i['RelativeNumber']=list（data.groupby（'date'）
['RelativeNumber'].sum（））
 data_i['RelativeAccuracy']=list（data.groupby（'date'）
['RelativeAccuracy'].sum（））
 data_i['RelativeOptimism']=list（data.groupby（'date'）
['RelativeOptimism'].sum（））
  data_i['RelativeRecommendation']=list（data.groupby
（'date'）['RelativeRecommendation'].sum（））
  data_i['RelativeForecastHorizon']=list（data.groupby
（'date'）['RelativeForecastHorizon'].sum（））


  data_i['RelativeAnaExperience_avg']=list（data.groupby
（'date'）['RelativeAnaExperience'].mean（））
  data_i['RelativeCoNumber_avg']=list（data.groupby
（'date'）['RelativeCoNumber'].mean（））
data_i['RelativeNumber_avg']=list（data.groupby（'date'）
['RelativeNumber'].mean（））
  data_i['RelativeAccuracy_avg']=list（data.groupby
（'date'）['RelativeAccuracy'].mean（））
  data_i['RelativeOptimism_avg']=list（data.groupby
（'date'）['RelativeOptimism'].mean（））
data_i['RelativeRecommendation_avg']=list（data.groupby
（'date'）['RelativeRecommendation'].mean（））
data_i['RelativeForecastHorizon_avg']=list（data.groupby
（'date'）['RelativeForecastHorizon'].mean（））
```

```
data_1=pd.concat （[data_1，data_i]）

data_1.to_csv （'分析师指标1.csv'，encoding='gbk'）
```